Balance 2019

Retrouvez votre horoscope quotidien
par Marc Angel sur femmeactuelle.fr

Retrouvez-nous sur www.horscollection.com

ISBN : 978-2-258-15322-6
Numéro d'éditeur : 1678
Dépôt légal : août 2018
Achevé d'imprimer par Liberdúplex en Espagne

Hors Collection un département **place des éditeurs**

place des éditeurs

MIXTE
Papier issu de sources responsables
FSC® C003309

Marc Angel

Balance 2019

23 septembre - 23 octobre

HORS }{ COLLECTION

Sommaire

VOS PRÉVISIONS 2019

VOTRE PORTRAIT

Quoi de neuf en 2019 ?

Satisfaction et sérénité, ces deux mots-clés mettent le bonheur à votre portée en 2019. Dès janvier, quatre planètes domiciliées dans leur signe fétiche créent l'équilibre. Mars en Bélier relance les activités, Jupiter en Sagittaire multiplie les indices de succès. La victoire serait de courte durée sans l'autorité bienveillante de Saturne. Son action en Capricorne fixe la règle et mise sur l'effort pour triompher. Enfin, Neptune en Poissons libère votre créativité à travers des projets plus personnels. En résumé, les astres vous aident à trouver la place qui vous revient, à aller là où vous vous sentez bien. Les Balance, Bélier, Sagittaire et Lion bénéficient d'heureux changements, accompagnés de déplacements. Les Taureau, Capricorne, Vierge et Poissons profitent du retour d'Uranus pour consolider leurs acquis. Les Gémeaux et Verseau élargissent leur champ d'action. Les Poissons et Scorpion brillent par leur talent. Dans une conjoncture plus clémente, vos vœux ont toutes les chances d'être exaucés en 2019.

Vos prévisions

En pleine ascension

2019, une année multicolore… la Balance adore. Jupiter en Sagittaire imprime le mouvement jusqu'au 2 décembre. Vous déménagez, changez d'air, partez vous mettre au vert. Les influx planétaires stimulent les déplacements et la mobilité. L'éloignement d'Uranus, à partir de mars, vous assure de voir la vie en rose. Votre cœur est soulagé, le dialogue s'apaise, vos relations affectives redeviennent harmonieuses. Vous apprenez à moins vous laisser vampiriser par votre entourage et à mieux résister au stress. Ce départ dissipe les tensions. Physiquement, votre corps retrouve sa vitalité. Quant au moral, vous prenez du recul, dédramatisez les situations pour aller de l'avant l'esprit confiant. Les activités contraignantes d'hier sont exercées avec plaisir aujourd'hui. La Balance s'aide, les planètes l'aident à leur tour. Après avoir semé au printemps, vous bénéficiez d'une abondante récolte à partir du 28 juin, quand Mercure décide de s'installer en Lion pour une bonne partie de l'été. Vous voilà encadré par deux planètes,

2019

Mercure (la communication) et Jupiter (l'expansion), avec l'assurance de pouvoir mener vos projets à terme. Vous les officialisez avant la rentrée : le mariage est célébré, l'emménagement terminé, la grossesse annoncée, la naissance fêtée... Socialement, Mercure double vos chances de décrocher un concours, d'obtenir un diplôme ou de suivre la formation de votre choix. La date du 15 septembre est à marquer d'une pierre blanche : le même jour et à 1 degré d'écart, Mercure et Vénus entrent dans votre signe en vous poussant sur le devant de la scène. Vous avez l'occasion de mettre vos talents au service d'un nouveau projet. On fait aussi appel à votre sens relationnel, pour fidéliser ou accroître votre clientèle par exemple. Ce duo de charme favorise l'amitié, et bien plus si affinités. L'automne apparaît comme la meilleure saison pour renforcer votre position, augmenter vos revenus ou améliorer votre confort. En s'éloignant, le 3 décembre, Jupiter vous laisse un capital social, financier, sentimental et bien-être aussi solide que durable.

Vos planètes phares en 2019

Jupiter gravite toute l'année autour de son signe fétiche, le Sagittaire. Une aubaine pour la Balance, qui voit ses projets s'étendre et s'accélérer. La planète la plus épanouissante du zodiaque vous offre optimisme et générosité. Vous agissez avec cœur, dans la bonne humeur. L'année s'annonce idéale si vous envisagez de prendre des initiatives plus personnelles : lancer votre activité, élire domicile dans une autre région ou vous expatrier, par exemple. Vous troquez un mode de vie sédentaire contre l'itinéraire d'un globe-trotter.

Uranus quitte le Bélier pour entrer en Taureau le 7 mars. On vous imagine sur le quai, regardant Uranus s'éloigner… Pas du tout ! C'est vous qui sautez dans le train, à destination d'une vie nouvelle. Vous profitez du parcours pour vous reconstruire, solder le passé et vous réconcilier avec vous-même. À l'arrivée, on découvre une Balance indépendante et plus sûre de ses désirs. Votre relation à autrui change, vous aimez sans être à la merci de votre entourage ni sacrifier vos idéaux.

Mercure vous apporte une bouffée d'air pur tout l'été, grâce à des activités sur mesure et des contacts sûrs. Du 28 juin au 19 juillet, puis du 12 au 29 août, vous devenez l'artisan de votre réussite en prenant des risques calculés d'un côté, des engagements solides de l'autre. Le changement est décidé, jamais subi. Vous le provoquez en forçant le destin, mais aussi en nouant des relations épatantes et utiles. Mercure repasse vous voir à la mi-septembre, en associant l'amour à un projet qui vous tient particulièrement à cœur.

Mars vous rend visite le 5 octobre, mais il faut attendre le 5 novembre pour mesurer l'efficacité de son influence. Pendant quinze jours, vous entreprenez des démarches ambitieuses et courageuses en faveur de vos proches. La Balance hésitante ne tergiverse plus dès lors qu'il s'agit de venir en aide à ceux qui lui sont chers. Votre intervention est matérielle, vous prêtez de l'argent, offrez de meilleures conditions de vie, de confort, peut-être même de travail.

Vos prévisions en quatre saisons

• HIVER

Une bonne étoile plane au-dessus de votre tête : Jupiter, qui survole le Sagittaire. Ses ondes positives se diffusent dans votre environnement et éclairent votre destin. Vous cernez mieux vos désirs, visualisez le but que vous souhaitez atteindre. Simplement, vous devez patienter jusqu'à ce que les conditions soient idéales pour changer d'orientation en toute sécurité.

Vie sociale

En traversant deux signes amis en janvier (le Sagittaire et le Verseau), Mercure vous incite à entreprendre des démarches professionnelles, administratives et financières en faveur de vos projets. Vous déposez un dossier ici, votre candidature là. Des petites complications sont toutefois à craindre, du fait de la mauvaise volonté de certains à vous donner satisfaction. En février, une situation vous irrite, vous reprochez à votre hiérarchie de chercher à diviser pour mieux régner. Si vous travaillez en équipe, des clans se forment, ce qui risque de nuire à la cohésion du groupe. Uranus sème une dernière fois la zizanie avant de déguerpir, le 7 mars. Son éloignement provoque un soulagement ; vous avez les idées plus claires pour réfléchir à votre avenir. Ça tombe bien, on vous adresse une proposition à l'enjeu financier alléchant. Le retour du printemps ranime aussi votre envie de lancer votre propre activité. Le moment est venu de vous doter des moyens nécessaires pour mettre vos plans à exécution.

Vie affective

Il est difficile de dire dans quelle mesure votre destin peut être en lien avec l'étranger. S'agit-il d'un voyage que vous effectuez ou que vous préparez ? Votre cœur bat-il la chamade pour une personne vivant au-delà des mers ? Un enfant s'apprête-t-il à faire ses études au loin ? La présence de Mercure, de Vénus et de Jupiter en Sagittaire en janvier donne des couleurs exotiques à votre vie affective. L'idée d'un déménagement vous trotte aussi dans la tête. Sur un plan plus matériel, vous pouvez envisager de changer de véhicule. Jusqu'au 14 février, Mars vous vole le temps que vous aimeriez consacrer à votre conjoint et à votre famille. Remplir vos obligations devient un vrai casse-tête, vous rentrez chez vous épuisé et irritable. Le surmenage génère du stress, qui lui-même engendre des conflits. Vous renouez avec le dialogue à partir du 2 mars, Vénus en Verseau vous permettant de prendre du recul (et du repos) pour trouver des solutions efficaces.

• **Vous aimerez...** l'énergie jupitérienne, qui vous permet d'afficher une bonne résistance, morale comme physique. Les témoignages d'affection de personnes croisées depuis peu. Votre assurance, alors que vous pensiez rougir, faiblir ou craquer.

• **Vous aimerez moins...** le doute qu'on essaie de semer dans votre esprit. Les directives incohérentes qui ralentissent votre activité. La mauvaise foi, le mensonge, la malhonnêteté intellectuelle. La difficulté à trouver le sommeil après une journée stressante.

• PRiNTEMPS

D'une certaine manière, en 2019, l'année démarre en avril : c'est maintenant que tout commence. Jupiter donne la pleine mesure de son talent sans qu'Uranus vienne contrarier vos plans. Vos activités se développent crescendo, dans un climat bienveillant et stimulant. Vous avez pleinement confiance en vos chances de réussite.

Vie sociale

Si le premier trimestre a été contraignant (papiers, gestion), celui-ci est placé sous le signe de la communication. Si votre activité est en lien avec Internet ou avec les nouvelles technologies, sa diffusion prend de l'ampleur. Si, enfin, vous préparez un examen ou un concours, misez sur l'épreuve orale pour le remporter. En Gémeaux, Mars vous permet de compter sur votre réseau pour trouver un emploi ou vous faire muter. Du 1er avril au 16 mai, la planète rouge vous donne carte blanche pour créer, en équipe en particulier. Vous avez des requêtes à formuler, une augmentation de salaire, par exemple ? Tout laisse à penser que vous obtiendrez satisfaction. Mercure prend le relais du 22 mai au 4 juin en vous proposant un stage ou une formation à même de renforcer votre savoir-faire. Rien d'obligatoire, mais votre carrière peut en bénéficier. À la mi-juin, l'attitude de quelqu'un en qui vous aviez confiance vous déçoit. Hier, vous auriez hésité, aujourd'hui vous choisissez de percer l'abcès en exigeant une explication.

Vie affective

Vous parlez moins d'amour que vous n'agissez... par amour. Mars crée une émulation à la maison en avril. Vous recevez des amis, des invitations, partez en week-end, redécorez votre intérieur. Pas question de se laisser rattraper par la routine, votre couple se réinvente, les projets fusent. Si vous êtes célibataire, faites vos bagages : un déplacement improvisé et inespéré pourrait bien favoriser une rencontre. Si vous êtes en couple, vous parlez de l'avenir, de la manière dont vous souhaitez le bâtir, peut-être en changeant de lieu ou en investissant. Les discussions sont moins intellectuelles que pratiques. Calculatrice en main, vous évaluez la fiabilité du projet avant de décider s'il faut passer à l'action. Après quelques bisbilles, du 1er au 15 mai, l'ambiance redevient romantique, à partir du 10 juin. Entre les deux, vous gérez le quotidien en veillant à équilibrer votre budget. Dans le même intervalle, les événements vous rapprochent d'un parent, d'un enfant ou d'un ami que votre soutien rassure et sort de l'embarras.

- **Vous aimerez...** la sensation de renouveau, de remettre votre destin à neuf. Le bon déroulement des opérations, notamment sur le plan financier. Les services que l'on vous rend. Votre disponibilité pour en rendre à votre tour, sans aucune hésitation.

- **Vous aimerez moins...** le manque de temps pour faire du bon travail, et pour souffler. L'indécision de ceux qui, hier, vous reprochaient d'hésiter. Votre difficulté à vous discipliner pour suivre un régime ou pratiquer vos exercices. Vos yeux cernés.

• ÉTÉ

La courbe reste ascendante. Mercure confirme un changement de situation à votre avantage. Son séjour prolongé en Lion vous donne toute latitude pour agir, dans le domaine de votre choix. Mercure, c'est aussi une succession de rencontres joyeuses, émouvantes, inattendues et déterminantes.

Vie sociale

Du 1er au 19 juillet, vous imposez vos idées, marquez vos projets de votre empreinte. Nul besoin de monter au créneau, les circonstances vous donnent l'occasion de vous démarquer par votre inventivité. On adore vos initiatives, en leur reconnaissant la vertu de stimuler l'équipe et d'augmenter le chiffre d'affaires. Si vous travaillez dans l'administration, Mercure vous permet de gravir les échelons. Vous avez l'occasion d'assumer d'importantes responsabilités, peut-être dans un nouveau service. Après s'être éclipsée, la planète de la communication revient du 12 au 29 août. Cette fois, les négociations portent sur des questions d'argent, à régler en faisant en sorte que chacun soit gagnant. La Balance conciliante n'a désormais plus l'intention de se laisser faire. Tenace, vous remportez la mise en jouant d'arguments convaincants. Le 15 septembre, vous êtes à même de franchir un palier important, susceptible de donner un sérieux coup de pouce à votre carrière.

Vie affective

Si votre planète fétiche s'appelle Vénus, Mercure aussi ensoleille vos journées. L'ambiance est chaleureuse. Vous pouvez vous vanter de susciter la sympathie partout où vous passez. Votre conjoint aurait de bonnes raisons de vous reprocher de négliger votre union au profit de vos nouveaux amis, mais il n'en est rien. Au contraire, vous l'associez toujours à vos rencontres. Une manière joyeuse et ludique de sortir du train-train quotidien. Pas impossible que vous boucliez vos bagages plusieurs fois au cours de ces deux mois d'été. Là encore, tout est improvisé. Si vous êtes célibataire, Mercure double vos chances de croiser l'âme sœur, tandis que Vénus vous promet une histoire sérieuse et durable. Dans la semaine du 12 au 18 août, Mercure, Vénus et Mars séjournent en Lion, une période qui porte chance aux mariages et aux grossesses. Septembre s'anime à partir du 15, à travers un projet qui vous tient à cœur à tous les deux et que vous défendez avec beaucoup d'ardeur.

• **Vous aimerez...** la fête, les rires, la musique, les compliments sur votre élégance. La gentillesse et la gratitude à votre égard. Le grand amour, avec la certitude qu'il durera toujours. Les petits coins de paradis réservés aux initiés. Le ciel étoilé.

• **Vous aimerez moins...** les séparations, après avoir passé de si beaux moments ensemble. Le ménage, qui prend du temps sur les vacances. L'argent qu'on vous réclame alors que vous avez verrouillé votre budget. Les querelles inutiles qui cassent l'ambiance.

• AUTOMNE

Entre un mois d'octobre besogneux et un mois de décembre très calme, il y a novembre et ses couleurs chatoyantes. Bossez bien (octobre), vous récolterez gros (novembre) avant de pouvoir vous reposer (décembre). Pariez sur l'action et sur l'audace pour développer des projets que vous n'auriez pas osé lancer jusqu'ici.

Vie sociale

L'arrivée de Mars, le 5 octobre, exalte votre volonté de lutter contre les injustices. Vous défendez moins vos intérêts que vous ne plaidez la cause de votre entourage. Mars vous donne le cran d'aller au front et d'user d'arguments convaincants pour obtenir réparation. En équipe, vous devinez les intentions des uns, anticipez les actions des autres. Du 5 au 19 novembre, Mars forme un duo épatant avec Jupiter en Sagittaire. D'abord, vous scellez un accord avec une personne de confiance et d'influence. Elle vous aide à renforcer votre statut autant qu'à augmenter vos revenus. Peut-être avez-vous déjà travaillé ensemble par le passé ? Ensuite, vous élargissez votre champ d'action, pourquoi pas en intervenant dans un autre service ou sur un nouveau projet. Enfin, vous recevez une proposition en or qui augure d'une nette amélioration de votre situation avant le printemps prochain. En décembre, Jupiter s'en va, mais Mercure est là pour confirmer l'obtention d'une prime ou d'une promotion entre le 10 et le 29.

Vie affective

Si les prévisions sont justes, les quinze derniers jours de septembre ont bousculé vos repères, à priori dans le bon sens. Par exemple, vous venez peut-être d'emménager, de démarrer une activité ou de vous installer sous le même toit, à moins que les babillements d'un bébé ne résonnent dans la maison. À partir du 5, Mars succède à Vénus pour vous encourager à prendre des initiatives, consécutives à votre changement de situation. Vous explorez l'environnement, sympathisez avec l'entourage, vous dotez de nouveaux moyens dont vous avez désormais besoin. L'influence de la planète rouge est plus manifeste en novembre, à la suite d'un événement qui vous amène à prendre position ou à passer à l'action. Un voyage est programmé, motivé par le désir de faire plaisir à un proche. Sur le plan financier, les nouvelles sont réjouissantes : Mars vous donne la garantie que les recettes seront plus importantes que les dépenses. En décembre, amour et farniente sont au programme : vous ralentissez le temps pour vous aimer tout doucement.

• **Vous aimerez...** la bonne ambiance qui règne en famille. La possibilité de passer la main à votre conjoint pour gérer ou dénouer une situation. L'issue favorable des démarches administratives ou juridiques. Votre lit et les grasses matinées.

• **Vous aimerez moins...** la mauvaise répartition des tâches, alors qu'un peu de bon sens suffit pour y remédier. Les gens envahissants et indiscrets. Les jours qui raccourcissent et le manque de luminosité. Les absences, les silences, la distance, tout ce qui vous éloigne de l'être aimé.

Votre décan

Premier décan (du 23 septembre au 3 octobre)

Des discussions sèment la confusion en début d'année. Aucun risque de conflit, plutôt une approche différente de la situation et de ses enjeux financiers. Par exemple, vos idées sont géniales... mais coûteuses. Faut-il baisser le prix pour accélérer la vente de la maison ? À quel moment donner votre préavis ? Jupiter exerçant une faible influence sur votre décan, vos décisions restent fluctuantes. Il faut attendre l'arrivée de Mars, le 1er avril, pour décider de sauter le pas. En juillet, Mercure ouvre la voie à la négociation. L'argument est

convaincant, le calcul juste, vous défendez vos intérêts avec succès. Le retour de Mercure, entre le 12 et le 19, vous aide à aborder la rentrée avec sérénité, vos comptes sont approvisionnés. Du 5 au 21 octobre, Mars vous envoie une offre à laquelle vous répondez aussitôt, qui rapporte gros et s'accompagne d'un déplacement. Enfin, les dix derniers jours de l'année renforcent les liens conjugaux, familiaux et amicaux.

• ELLE

Vous tournez en rond en début d'année, en vous demandant quand et comment agir. Plutôt qu'attendre de vous retrouver au pied du mur, vous posez des jalons et prenez des dispositions pour préparer la transition, effective au printemps. Votre sens de l'adaptation vous garantit de pouvoir trouver vos marques avec facilité. Cet été, le virage est pris, vous travaillez ailleurs, vous aimez comme il vous plaît.

• LUi

Plusieurs options s'offrent à vous. Un avantage qui peut devenir un inconvénient quand on est d'un tempérament hésitant. Attention à ne pas passer à côté de la chance pour avoir tardé à prendre votre décision. Heureusement, vous êtes bien entouré et pouvez compter sur l'énergie généreuse et communicative de votre compagne pour progresser. Son soutien vous est acquis.

Deuxième décan (du 3 au 13 octobre)

Quelle chance de démarrer l'année avec Jupiter à vos côtés ! Du 1er janvier au 21 février, puis du 31 mai au 18 octobre, ses bienfaits donnent de l'ampleur à vos activités. Du 17 au 26 janvier, au moment où Vénus, Mars et Jupiter scellent une alliance, les nouvelles et les réponses obtenues sont à coup sûr positives.

La seconde quinzaine d'avril s'annonce aussi prometteuse : Mars en Gémeaux favorise des succès en équipe, de grandes joies en famille. Professionnellement, les échanges avec l'étranger sont constructifs. Les finances s'améliorent à la veille de l'été, vous partez en vacances le sourire aux lèvres. Entre le 19 et le 24 août, le duo Mercure-Jupiter confirme la signature d'un contrat, à moins qu'un dossier ne soit bouclé en votre faveur. Du 20 octobre au 6 novembre, c'est Mars qui, par la voix d'un proche, vous donne l'opportunité de changer de situation, en mieux.

• ELLE

Pariez sur la communication pour avancer vos pions en 2019. Votre charisme vous ouvre toutes les portes. Ajoutez-y un soupçon d'aplomb, on accordera davantage de crédit à vos démarches. Sentimentalement, l'amour vous donne des ailes. Vous suivez, rejoignez ou rencontrez votre bien-aimé à l'occasion d'un voyage. L'année est propice pour vous installer dans une autre région.

• LUi

Si vous espérez une mutation, vous devriez obtenir satisfaction avant la fin mai. De même, une transaction en lien avec l'immobilier vous permet de réaliser une bonne affaire. Côté job, vous n'êtes jamais aussi performant que lorsque vous travaillez en équipe. Vous avez l'art de faire passer vos idées avec subtilité, sans faire le forcing. Votre popularité est l'un de vos meilleurs atouts pour bénéficier d'une promotion.

Troisième décan (du 13 au 23 octobre)

À partir du 15 février, Jupiter donne un coup d'accélérateur à votre destin. Jusqu'au 16 juin, vous puisez dans son énergie bienfaitrice pour prendre des initiatives audacieuses. La démission, le déménagement ou le départ est acté : vous larguez les amarres ! Le changement qui vous stressait hier vous réjouit aujourd'hui. En l'absence d'Uranus, le climat redevient léger, il reflète votre soulagement intérieur. Le retour à l'équilibre se traduit par des relations assagies avec l'entourage, sur un pied d'égalité à la maison. Du 3 au 19 août, Mars en Lion vous donne les pleins pouvoirs pour prendre les rênes d'un nouveau projet. Vénus s'y associe en vous garantissant l'appui de vos proches. On vous aide à atteindre plus vite votre objectif. Jupiter revient faire un tour dans votre vie du 13 octobre au 2 décembre. D'un côté, vos acquis sont renforcés, de l'autre, vous bougez, voyagez dans le cadre de votre travail ou sur un plan personnel ; dans les deux cas, c'est un plaisir.

• ELLE

Votre environnement occupe une place importante en 2019. Mieux vous vous sentez à l'intérieur des murs (travail, maison), mieux vous vous portez (physique, moral). Vous avez le sentiment d'être en sécurité. Sur le plan affectif, vous donnez avec la même générosité, mais en fixant des limites. Vous n'hésitez pas à dire « non » pour jouir de votre indépendance et vous faire plaisir. Financièrement, l'année 2019 vous réserve de belles surprises, en particulier cet été. Si vous êtes célibataire, la période estivale vous porte chance.

• LUi

Vous triomphez grâce à votre force de conviction. Surmontant vos doutes, vous prenez position sans regret, certain de votre décision. Jupiter vous donne raison en renforçant votre statut ou en augmentant vos revenus. Côté pro, votre savoir-faire est régulièrement sollicité. Côté cœur, vous bataillez un peu avant de persuader votre partenaire de tenter l'aventure à vos côtés.

En 2019...

Attendez-vous à changer d'adresse, de cadre de travail, de lieu de vacances. Retenez l'idée que vos habitudes se transforment, pour votre plus grand plaisir. Un plaisir partagé par votre entourage (conjoint, famille, amis), ce qui explique pourquoi vous vous renouvelez avec une telle facilité. Vos proches se félicitent de vos décisions et veillent à ce qu'aucun obstacle ne surgisse sur votre parcours.

Acceptez de laisser derrière vous des visages auxquels vous êtes attaché. Les amis, les collègues, les voisins sont nombreux à avoir le cœur gros de vous voir partir. L'image est symbolique : la fin d'un cycle est une forme de déracinement. Rassurez-vous, Jupiter est une planète voyageuse qui vous donne la bougeotte. Vous allez, venez, revenez fréquemment et avec le même enthousiasme.

Ayez confiance en votre éloquence. En 2019, la Balance gagne la confiance par le verbe. L'élégance est toujours là, bien sûr, complétée par votre force de persuasion. Vous ne craignez plus d'entrer en conflit dès lors qu'il s'agit de défendre vos convictions, vos intérêts et votre liberté. Il n'est plus question de laisser quiconque décider à votre place. Vous savez ce que vous voulez, ce que vous valez et où vous allez.

Comptez sur de nouveaux contacts pour vous aider à appréhender les différentes situations. Il y a toujours quelqu'un, quelque part, prêt à vous rendre service ou à vous montrer la voie. Uranus provoquait des oppositions et des rapports de force ; à partir du 7 mars, c'est fini. Vous frappez, la porte s'ouvre sur une offre, une association, une amitié, le grand amour…

L'agenda 2019

À noter : **un déclic** susceptible de se produire à la suite d'une rencontre ou d'un entretien à même de transformer votre destin. **Des avantages** obtenus au moment où vous vous y attendez le moins. **Une meilleure répartition des tâches**, avec la possibilité de marquer des pauses pour vous ressourcer.
À voir : **un décor différent**, que vous créez (maison) ou dans lequel vous évoluez (job), symbole de renouvellement. **Des gens de tous horizons**, toutes cultures, tout nouveaux, tous très beaux. **Des comptes équilibrés**, avec des fins de mois plus faciles à boucler. **Un look changé**, une garde-robe réinventée.
À faire : **la paix** avec votre passé, surtout celui qui vous rattache à votre famille. **Les papiers** dont vous avez besoin pour voyager. **Des demandes actives** et répétées pour obtenir satisfaction. **Le silence radio**, en vous ressourçant au calme, votre smartphone éteint. **Ami-ami** avec vos nouveaux voisins.
À dire : **« Je sais ce que je veux »**, même si vous n'êtes pas toujours sûr de le savoir – votre cerveau finira par enregistrer le message. **Votre désaccord**, malgré le risque de froisser votre interlocuteur. **Votre âge**, sans en rougir. **Votre envie de gagner de l'argent**, sans vous en excuser.

Vos prévisions mois par mois

Pour une bonne lecture de vos prévisions

La rubrique **« Votre carte du ciel »** décrit les mouvements des planètes et leurs interactions.
La rubrique **« Votre actu »** donne une interprétation de ces influences planétaires sur votre destin.
La rubrique **« Pleins feux sur »** zoome sur les secteurs concernés par ces influences planétaires.
La rubrique **« À l'arrière-plan »** vous renseigne sur les secteurs moins exposés.
La rubrique **« Votre rôle cette année »** vous aide à rester acteur de votre destin et à exercer votre libre arbitre en toute confiance.

• JANVIER

Un lancement réussi

Votre carte du ciel

Démarrer l'année avec trois planètes en Sagittaire, votre allié, est très positif. Du 1er au 5, sous l'influence de Mercure, l'idée d'un voyage ou d'un déménagement vous trotte dans la tête. Vous prenez des dispositions en ce sens. Entre le 8 et le 31, Vénus met vos amours en perspective. Vous prenez du recul pour clarifier la situation. Enfin, Jupiter donne de l'ampleur à un projet qui vient tout juste d'être lancé.

Votre actu

L'Air (la communication) de la Balance attise le Feu (l'action) du Sagittaire. Plus vous voyez de monde, plus vous bougez et mettez vos idées en pratique. Hier, votre relation à autrui était confuse. Une simple discussion pouvait semer la confusion et le doute dans votre esprit. Grâce à Jupiter en Sagittaire (depuis novembre 2017), la confiance est de nouveau là. Désormais, le moindre échange vous donne de l'élan pour prendre des initiatives. Sur le terrain, vous réalisez des prouesses en innovant, mais aussi en réformant avec habileté, sans faire de forcing. Votre atout : un sens relationnel exceptionnel. Vous avez l'art d'aborder les sujets sérieux et les questions qui fâchent avec beaucoup de tact. De fait, malgré des divergences de points de vue, vous parvenez toujours à un accord.

Pleins feux sur

L'amour

À partir du 8, Vénus amortit les effets contrariants de Mercure en Capricorne. À la maison, on se serre les coudes pour régler les soucis financiers. Les dépenses pour les fêtes de fin d'année ont perturbé l'équilibre du budget, les factures s'accumulent. Vénus vous aide à trouver des solutions, par un soutien familial ici, en obtenant un compromis là. En Bélier, Mars met vos nerfs à rude épreuve. Là encore, le duo Vénus-Jupiter calme le jeu par le dialogue. Les discussions (avec votre conjoint par exemple) permettent de faire tourner une situation, fâcheuse au départ, à votre avantage. La Balance renoue avec la confiance. L'idée d'effectuer un voyage ou d'envisager un déménagement fait son chemin. Vous creusez des pistes, glanez des infos en étudiant la faisabilité du projet, en vous donnant les moyens de le mener à bien.

- **Célibataire**

Des kilomètres peuvent vous séparer de l'objet de votre désir. Cela constitue un frein sans pour autant vous conduire dans l'impasse. Au contraire, vous y voyez un défi à relever. Si vos sentiments résistent à l'épreuve, c'est que l'histoire a toutes les chances de durer. En Sagittaire, Vénus annonce aussi une rencontre au cours d'un déplacement.

• En couple

Vous vous serrez les coudes. Le début de l'année s'annonce chaotique, avec des problèmes matériels, techniques et financiers à résoudre. Pas de panique : traitez une question après l'autre, tout rentrera dans l'ordre. Janvier apporte aussi des nouvelles d'un parent vivant au loin, à moins qu'un proche (un enfant) ne s'apprête à partir, peut-être à l'étranger.

La forme

Il est certain que, sans l'aide de Jupiter et de Vénus, vous céderiez facilement à la colère. Les planètes installées en Sagittaire tempèrent vos humeurs en vous incitant à vous dépenser physiquement. Plus le corps bouge, moins le moral souffre. Vous avez deux mois à tenir, au cours desquels Uranus s'amuse à chambouler vos plans. On dit la Balance souple d'esprit, vous avez l'occasion de le prouver en réussissant à gérer vos activités sans être surmené. Avec Mercure en Capricorne, ce sont vos articulations que vous devez ménager. Si vous faites du sport, pensez à vous échauffer. Quittez la maison dix minutes plus tôt pour ne pas avoir à courir, en risquant un faux pas ou un faux mouvement. Prenez aussi le temps de flâner.

Le moral

Il est tempéré : après la pluie, le beau temps. Habituées à faire du yo-yo, vos humeurs tentent de rester constantes. Votre petite voix intérieure vous dit que 2019 vous portera chance, que ça va enfin bouger dans l'autre sens. À priori, les prévisions vous donnent raison. Il faut juste tenir le choc jusqu'au 6 mars, date à partir de laquelle Uranus vous fichera une paix royale.

Les relations

Les personnes que vous croisez en dehors du cadre professionnel vous apportent un soutien important, parfois sans le savoir. Un sourire, un petit mot sympa, un service rendu, il n'en faut pas davantage pour vous donner la pêche. En revanche, côté job, l'ambiance est plutôt tendue, à cause de la pression et d'une situation confuse.

À l'arrière-plan

Le travail

Mercure soulève des questions qui exigent de faire des choix parmi vos priorités. Problème, vous n'êtes pas libre de vos décisions. On vous impose d'aller dans telle direction, alors que vous jugez plus utile d'en suivre une autre. La pression exercée par Mars vous inciterait à engager un rapport de force, mais Vénus vous suggère de négocier en gagnant du temps. Rien n'est figé, autour de vous tout est appelé à être modifié... à votre avantage, sait-on jamais.

L'argent

Ce serait mentir que de dire que tout va bien. Les effets de Mercure en Capricorne témoignent d'une situation dispersée. Il faut avoir de l'adresse pour jongler entre les factures à payer d'un côté et l'argent à récupérer de l'autre.

La carrière

Les petites contrariétés relationnelles sont ponctuelles et ne freinent aucunement votre évolution. Pour l'instant, votre carrière est en stand-by, mais certains indices permettent d'espérer une promotion au cours des prochains mois.

Votre rôle cette année

C'est un rôle typiquement Balance que la conjoncture vous incite à jouer. L'équilibre, la mesure, le juste milieu... telle est la meilleure attitude pour contourner les obstacles, sans pour autant chercher à arbitrer la discussion. Partez plutôt sur la pointe des pieds dès que vous sentez qu'il y a de l'eau dans le gaz, vous reviendrez une fois l'orage passé.

• FÉVRIER

L'épreuve de force

Votre carte du ciel

La partie s'annonce difficile. Tenez le choc en vous disant que les mois suivants seront un jeu d'enfant en comparaison. En Capricorne à partir du 4, Vénus rattache les questions matérielles à la vie affective. Des soucis administratifs, juridiques ou financiers perturbent l'équilibre familial. Cette instabilité peut fragiliser vos relations.

Votre actu

Vous n'êtes pas à prendre avec des pincettes, ce mois-ci. Il faut dire que vous avez de bonnes raisons d'être de mauvaise humeur. Deux planètes en particulier font barrage et provoquent des désagréments. Jusqu'au 14, Mars vous oblige à batailler pour défendre vos intérêts. La pression est forte, vous voyez les jours défiler sans trouver de solution pour dénouer la situation. Mars vous épuise, vous avez l'impression de vous battre contre des moulins à vent. À croire que l'on prend un malin plaisir à ne pas vouloir vous donner satisfaction. Autre planète contrariante, Vénus sème la zizanie chaque fois que l'argent s'invite au cœur des débats. En couple, en famille et même entre amis, le sujet fâche, jusqu'à provoquer une rupture.

Pleins feux sur

Le travail

Il n'est pas simple de devoir éplucher des contrats quand on possède une âme d'artiste. Vous êtes hélas obligé de vous y atteler. Le trio formé par Vénus, Saturne et Pluton en Capricorne vous submerge de paperasse. Un changement de direction est à envisager, ce qui signifie de nouvelles règles à appliquer, des méthodes différentes à adopter, d'autres objectifs à atteindre. Le Capricorne est un signe lent, n'espérez pas une accélération de vos projets. Au contraire, ils peuvent être freinés ou différés, faute de moyens matériels suffisants pour les développer. Dans le cas d'une procédure administrative ou juridique, le dénouement de l'affaire est retardé ou reporté.

L'argent

Vous n'en perdez pas, mais quelle énergie dépensée à préserver l'équilibre ou à récupérer votre dû ! Vous faites des pieds et des mains en multipliant les démarches pour boucler un dossier ici, débloquer des fonds là. Autre désagrément, un appareil ménager ou un véhicule risque de tomber en panne, occasionnant des frais.

La carrière

Pour l'instant, elle fait du surplace. La conjoncture vous incite à attendre que la situation évolue pour savoir comment avancer vos pions. Si vous travaillez dans l'administration, gravir l'échelon que vous convoitiez n'est pas à l'ordre du jour ; la réussite à un concours, la validation de votre inscription à une formation semblent compromises...

L'amour

Vénus en Capricorne et Mars en Bélier sont comme chien et chat. À la maison, la tension est palpable. Aucune remise en question des sentiments, plutôt une mise au point à effectuer et une organisation à trouver pour mieux gérer le quotidien. On parle d'emploi du temps à aménager, de tâches à répartir, de factures à partager. Malgré l'amour, chacun défend ses intérêts, voire campe sur ses positions. Jupiter vous conseille d'identifier vos priorités au lieu de chercher à résoudre tous les problèmes d'un coup. Compartimentez, échelonnez, temporisez. À partir du 15, un compromis devrait être trouvé, pas forcément gagnant-gagnant mais au moins arrangeant.

- **Célibataire**

Si vous vous retrouvez célibataire après une rupture récente, la page est loin d'être tournée. Vous avez encore des affaires à solder, administratives, juridiques et financières. Elles risquent de s'éterniser. Si vous en pincez pour quelqu'un, sa situation personnelle peut être un frein à votre relation. S'aimer en toute liberté n'est pas chose aisée.

- **En couple**

Qui fait quoi… ou plutôt, qui paie quoi ? C'est la question qui revient souvent ce mois-ci. Elle fâche si personne ne veut y mettre du sien. Si vous avez un projet en tête (l'achat d'un bien immobilier, par exemple), l'obtention d'un prêt n'est pas gagnée. Vous devez encore négocier et fournir les éléments qui vous permettront de le décrocher.

À l'arrière-plan

La forme

En Capricorne, Vénus agit sur les articulations. Les douleurs vous empêchent d'être libre de vos mouvements, votre humeur devient maussade, irritable. Mars en Bélier témoigne d'une forte pression exercée par votre entourage. On vous demande un service, on réclame votre présence : nerveusement, c'est épuisant. Contrariée, la Balance a tendance à grignoter. Vous prenez du poids, ça vous agace encore plus. Vous avez l'impression de tourner en rond sans trouver de solution.

Le moral

Les signes d'Air ont besoin d'en changer (d'Air) pour se libérer du stress et recharger les batteries. Vous manquez de temps pour vous évader, et quand vous y parvenez, vous avez l'impression que les problèmes vous courent après.

Les relations

Où est passée la légèreté de la Balance ? Votre entourage vous reproche de tout prendre au sérieux. Vous répliquez que vous n'avez pas le choix et que si quelqu'un veut prendre votre place, vous la lui céderez volontiers.

Votre rôle cette année

Commencez par accepter d'affronter la réalité. Moins vous fuirez vos responsabilités, mieux vous les supporterez. Ensuite, ciblez vos priorités. Inutile d'en rajouter, allez à l'essentiel en laissant ce qui vous semble superflu de côté. Enfin, renforcez votre résistance physique. Vous serez mieux armé pour surmonter les obstacles.

• MARS

Ciao, Uranus !

Votre carte du ciel

Uranus s'en va, bon débarras ! À partir du 7 mars, vous voyez de nouveau la vie en rose (couleur fétiche de la Balance). Son éloignement coïncide avec l'entrée de Vénus en Verseau, le 2. Vous quittez une relation à autrui compliquée (la Balance est le signe du mariage) au profit d'échanges joyeux et constructifs en équipe. Plus on est de fous, plus la Balance rit et se sent à son aise.

Votre actu

Uranus avait déjà choisi de s'éclipser l'année dernière. Rappelez-vous votre état d'esprit entre mai et novembre 2018 : les situations ne vous ont-elles pas semblé plus faciles, les relations plus fluides ? C'est le même climat bienveillant que vous retrouvez à partir du 7, cette fois pour de longues années. En Bélier jusqu'ici, Uranus vous donnait l'impression d'être à la merci d'autrui – votre conjoint, un parent, peut-être même votre boss. Vos actions dépendaient toujours de quelqu'un. Par exemple, vous vous priviez pour venir en aide à un proche, ou encore vous décaliez vos vacances pour faciliter la bonne marche des affaires. C'est fini ! Vous gardez votre nature serviable, mais plus question de vous oublier. Rien d'égoïste dans votre démarche, vous revenez juste à l'équilibre.

Pleins feux sur

La forme

Uranus est une planète indisciplinée qui incitait jusqu'à présent le Bélier à agir tous azimuts. Située en face sur le zodiaque, la Balance avait du mal à suivre la cadence. Votre énergie se dispersait, vous tombiez de fatigue subitement, votre moral faisait du yo-yo. Dès le 7, vous retrouvez votre propre rythme, avec la sensation de récupérer plus vite après une journée harassante. La présence de Vénus en Verseau crée l'émulation en équipe. La motivation est plus grande quand vous pratiquez une activité en groupe. Faites du sport avec vos amis, vous garderez la forme, le moral, le sourire aussi. Quant à l'alimentation, là encore, votre entourage vous donne de bons conseils pour manger équilibré.

Le moral

Il repart à la hausse. Vous avez des projets ? Des signes avant-coureurs indiquent que vous avez de bonnes chances de les développer. Après avoir cherché la confiance dans le regard de l'autre, c'est face à votre miroir que vous gagnez en assurance. En commençant par vous reconnaître de vrais talents, que vous avez envie d'exploiter.

Les relations

On vous entend davantage parler de l'équipe, des amis, des collègues que de votre conjoint, de votre boss ou d'un de vos parents. Cela semble anecdotique, pourtant ce changement révèle votre volonté de tisser des liens sociaux, d'étendre votre réseau. La Balance populaire s'était éclipsée, elle semble décidée à renouer avec la notoriété.

L'amour

Vénus, planète de l'amour, traverse le Verseau du 2 au 26. Voilà qui ouvre la voie à la discussion. Vénus recherche l'harmonie, le Verseau préserve le dialogue. Si vous sortez d'une période difficile, le climat est propice pour repartir sur de bonnes bases après avoir trouvé un compromis. N'hésitez pas à soumettre vos idées à votre entourage. Vos arguments sauront le convaincre d'adhérer à votre projet. Les amis vous dépannent volontiers si vous avez besoin d'eux, pourquoi pas à l'occasion d'un déménagement. Vous rompez joyeusement avec la routine, en créant la surprise. Vos proches se réjouissent de vous voir renouer avec l'optimisme et la vitalité.

• Célibataire

Les réseaux sociaux tournent à plein régime. C'est par ce biais que vous doublez vos chances de faire une rencontre. Romantique ? La conjoncture ne le précise pas, mais elle témoigne d'échanges agréables et complices. Ça commence par une amitié, susceptible de tourner à l'amour après que les rendez-vous se sont multipliés.

- **En couple**

La compréhension, tel est le secret de la longévité de votre union. On peut comprendre son partenaire sans partager son point de vue pour autant. Chacun respecte les idées de l'autre. Ce mois-ci, vous vous relayez pour accélérer le lancement d'un projet, en sommeil jusqu'ici faute de moyens matériels suffisants pour le mettre sur pied.

À l'arrière-plan

Le travail

Vous prenez vos distances avec une personne qui, à vos yeux, exerce une trop forte influence (pression) sur vous. La Balance sachant agir avec diplomatie, vous le faites avec habileté pour ne pas froisser sa susceptibilité. La belle alliance Vénus-Jupiter sert votre carrière entre le 19 et le 26. Dans l'intervalle, une proposition retient votre attention. Elle peut venir de l'extérieur, être en lien avec l'étranger ou vous amener à bouger. Si vous espérez une mutation, la bonne nouvelle devrait être officielle.

L'argent

Vous bénéficiez d'une opportunité qui vous permet d'augmenter vos revenus ou d'équilibrer les comptes. Rien ne dit qu'elle est liée au travail, il s'agit peut-être d'une bonne affaire à réaliser dans le cadre de votre vie personnelle.

La carrière

Elle évolue bien, et dans le sens que vous souhaitez lui donner. Des indices laissent espérer une promotion au cours des prochaines semaines. Si un poste se libère, vous apparaissez en pole position pour l'occuper.

Votre rôle cette année

Après le mélo, place à la comédie ! Vos humeurs sont virevoltantes, on retrouve dans vos yeux « le bleu qui manquait à votre décor », comme chante Enrico Macias. Vous prenez la vie comme elle vient, et elle vient du bon côté. N'hésitez pas à lancer des initiatives en équipe, l'accueil qu'on leur réserve vous épatera.

• AVRIL

L'occasion d'un renouveau

Votre carte du ciel

Malgré l'interdiction de se découvrir d'un fil, les planètes vous invitent à mettre vos projets en œuvre et votre cœur à nu. Les problèmes sont derrière vous, vous regardez l'avenir avec optimisme. En Gémeaux tout le mois, Mars allie la combativité à l'enthousiasme. Vous avez confiance en vous et en vos chances de réussite.

Votre actu

Hormis la présence de Mars en Gémeaux, la marche arrière de Jupiter, le 11, renforce votre motivation à atteindre vos objectifs. Vous prenez conscience de l'importance d'aller au bout de vos désirs. Vous ne revenez pas sur vos décisions et éprouvez de la fierté à remplir vos obligations. Pariez aussi sur l'utilité des déplacements : soyez mobile, disponible s'il faut changer de service ou d'endroit. La notion de voyage peut être en lien avec votre vie affective. Vous bougez pour rejoindre votre partenaire, retrouver vos proches ou croiser l'amour. À partir du 18, ouvrez l'œil si vous devez signer un contrat. Méfiez-vous aussi des personnes qui vous somment de leur donner une réponse rapide ou d'agir dans leur sens.

Pleins feux sur

Le travail

Mars (la combativité) en Gémeaux (l'insouciance) vous donne de l'assurance sans pour autant présumer de vos chances de succès. En résumé, vous faites le job en retroussant vos manches, mais sans stresser. Votre petite voix intérieure vous dit qu'un changement se prépare, dont vous pouvez tirer quelque avantage pour votre carrière. Le Gémeaux a la tchatche, la Balance, de l'élégance. C'est le moment de négocier avec tact si vous souhaitez obtenir une promotion ou une augmentation. Des personnes influentes prennent aussi le relais pour vanter vos mérites. Par exemple, tablez sur le bouche-à-oreille pour trouver un emploi. En Gémeaux, Mars met votre réseau au service de vos intérêts.

L'argent

Là encore, vous en gagnez grâce au concours de votre entourage. Vos proches vous mettent sur des pistes susceptibles de générer des profits. Le système D produit de bons résultats. Vous obtenez des réductions ici, des facilités là. Internet peut être un bon support pour commercialiser un produit, vendre un bien ou faire des affaires.

La carrière

Imaginez-vous au milieu d'une plate-forme ou d'un open-space, un projecteur braqué sur vous. S'il y a un projet à développer, c'est à vous qu'on le confie. S'il y a une idée originale à creuser, c'est à vous que l'on s'adresse pour imaginer la suite. En un mot, vous sortez du lot, sans jamais jouer les opportunistes.

La forme

On est au cœur de la Balance, avec des journées animées, la joie d'être bien entouré, des activités riches et variées : tout ce que vous aimez. Cela témoigne d'une vitalité à toute épreuve et d'un moral d'acier. Mars vous permet de jouir de votre autonomie. Vous vous libérez des carcans. Physiquement, cela se traduit par l'envie de pratiquer davantage de sport. Votre corps a besoin de se défouler. Si vous étiez patraque, l'amélioration est nette. Cela vous pousse à reprendre une activité que vous n'aviez plus la force d'exercer. Vous récupérez votre capital, avec la garantie de le préserver. Et si vous suivez un régime, vous lui ajoutez un côté ludique qui facilite son application.

Le moral

Demandez à vos proches comment ils vous sentent en ce moment. À priori, ils devraient vous trouver dans une forme du tonnerre. Votre visage est resplendissant, votre bonne humeur communicative. La sensation que le plus dur est passé (confirmée par Mars en Gémeaux) vous permet de vous tourner vers l'avenir l'esprit confiant.

Les relations

Le Gémeaux est le premier signe d'Air, altruiste et populaire. Mars est une planète entreprenante. L'association des deux crée une émulation en équipe. On se serre les coudes entre amis, on se relaie dans le travail, on se complète en amour. La configuration est idéale pour en finir avec la solitude, grâce à des liens sociaux enrichissants.

À l'arrière-plan

L'amour

On est en plein dans la séduction. Le charme en avant et en action, vous entendez bien faire fondre les cœurs. Vous prenez des initiatives pour provoquer la rencontre. Des amitiés naissent aussi au cours d'un voyage. L'atmosphère légère permet d'aborder tous les sujets, sans courir le risque de se fâcher.

On improvise une activité avant de se prendre au jeu et de la développer à fond avec passion. À surveiller peut-être, à partir du 18, les questions administratives ou juridiques (en cas de séparation par exemple), susceptibles d'occasionner des frais.

- **Célibataire**

Le mois est plus propice pour flirter que pour vivre une grande histoire d'amour, mais rien n'empêche la bluette de tourner à la passion une fois que les cœurs battent à l'unisson. Vous pouvez être rattrapé par vos sentiments en un instant.

- **En couple**

La maison ne désemplit pas, ce n'est pas pour vous déplaire. Les amis de votre partenaire ou de vos enfants deviennent très vite vos amis. On programme aussi un ou plusieurs voyages. Y réfléchir ensemble renforce la complicité.

Votre rôle cette année

Être vous-même, tel est le seul rôle que vous devez jouer. D'ailleurs, vous n'avez pas besoin de forcer le trait. Optimisez vos chances de succès par une subtile alliance de concentration et d'inspiration. Évitez les calculs, mais fixez-vous un cap à tenir. Si vous savez où vous allez, vous saurez naturellement comment parvenir à destination.

• MAi

Des amitiés précieuses

Votre carte du ciel

Encore une fois – c'est un peu le fil rouge de votre année – vous paraissez plus à l'aise au sein du groupe que lors d'un face-à-face ou d'un tête-à-tête. Vous pouvez compter sur votre entourage pour vous aider à régler un problème de cœur (tête-à-tête) ou un litige professionnel (face-à-face). Vous nouez aussi d'agréables contacts au cours de vos voyages.

Votre actu

Mai est un mois contrasté. D'un côté, les relations sociales sont positives et pétillantes. Les amis de vos amis deviennent très vite vos amis. Les soirées animées sont aussi l'occasion de faire une rencontre romantique. Dans le cadre du travail, vos collègues vous prêtent volontiers main-forte en cas de besoin. Mais... il y a un mais... au moins jusqu'au 15 mai. Il s'agit une fois encore de la relation à autrui. Vous pensiez vous être détaché, libéré depuis le départ d'Uranus, et vous voilà de nouveau à la merci d'un échange qui vous contrarie. L'attitude d'une personne en particulier vous déplaît, mais vous n'osez pas manifester votre mécontentement. Est-ce à cause du lien affectif qui vous unit ou par peur du conflit ? Vous seul connaissez la réponse.

Pleins feux sur

L'amour

En Bélier, Vénus (votre planète fétiche) est dite « en exil ». Cela provoque des rapports de force, les comportements comme les sentiments sont excessifs. Par exemple, l'un peut reprocher à l'autre de « jeter l'argent par les fenêtres ». L'autre en veut à l'un d'être « près de ses sous ». Certaines initiatives sont mal perçues par l'entourage, ou bien on vous impose des situations en vous mettant devant le fait accompli. Bref, c'est la guéguerre à la maison et en famille. La marche arrière de Jupiter confrontée à l'influence de Vénus peut retarder ou reporter un voyage. À moins que vous ne connaissiez quelques mésaventures (argent, relations) pendant un déplacement ou lors d'un séjour.

- **Célibataire**

Soit quelqu'un vous fait la cour de manière insistante, jusqu'à vous obliger à y mettre le holà avec fermeté, soit un visage hante votre esprit et vos nuits, malgré l'impossibilité de vivre la relation. En résumé, la présence de l'autre est dérangeante, elle empêche d'avoir les idées claires pour aimer en toute liberté.

- **En couple**

On se prend la tête avant de se tenir tête... et de se faire la tête. Les quinze premiers jours du mois sont rudes, il faut parfois l'arbitrage de l'entourage pour calmer les deux protagonistes. Il y a de l'amour, là n'est pas la question. Le problème réside dans la manière dont chacun entend gérer le quotidien ou mener ses actions. Il faut savoir qui dirigera les opérations.

Le travail

Les décisions relatives à l'argent (budget, salaires) soulèvent la polémique. Vous marquez votre désaccord, hélas sans pouvoir renverser la situation. L'avantage, c'est que vous n'êtes pas seul à mener le combat. En Gémeaux jusqu'au 16, Mars rassemble toutes les énergies pour lutter contre les injustices ou les irrégularités. Sa présence stimule aussi la créativité en équipe. Faites-vous aider dans vos projets par des personnes talentueuses et de bon conseil. Le repli de Jupiter peut mettre en exergue une difficulté à vous adapter à un nouvel environnement. Vous vous réjouissiez de changer de service ou de région, voilà que vous déchantez et avez envie de repartir.

L'argent

On ne vous en donne pas, c'est à vous d'aller le chercher : en bataillant, il est possible d'obtenir satisfaction. Un prêt refusé ici peut être accordé là. Revenir à la charge peut aussi vous permettre de décrocher l'augmentation à laquelle vous estimez avoir droit. Cela demande des efforts, mais c'est payant.

La carrière

Si elle ne décolle pas, c'est que quelqu'un s'y oppose. Tel est le sentiment que vous éprouvez, bien que l'on tente de vous faire croire le contraire. Les excuses que l'on vous donne ne vous satisfont pas. Là encore, demandez une explication pour clarifier la situation. Montez au créneau s'il le faut, c'est la seule manière d'avancer vos pions.

À l'arrière-plan

La forme

Ce n'est pas la grande forme, mais rassurez-vous : pas d'épuisement en vue non plus. Vous avez pour mission de canaliser votre énergie si vous ne voulez pas vous retrouver sur les nerfs à la mi-mai. Comment résister à la pression ? En revenant à l'essentiel – vous, votre moral et votre corps. Changez d'air régulièrement. Offrez-vous des soins appropriés (massages, sophrologie, hypnose) et couchez-vous de bonne heure. Évitez de manger sur le pouce, votre estomac vous remerciera.

Le moral

L'important, c'est de tenir. Et pour tenir, il est préconisé de ne pas s'entêter à vouloir changer une situation qui semble bloquée. Ça coince ? Prenez du recul pour relativiser. Tournez les talons et cherchez une autre issue.

Les relations

C'est peut-être avec les personnes auxquelles vous êtes le plus attaché que le combat est rude. Parce que vous les aimez, leur attitude décevante et contrariante vous affecte davantage.

Votre rôle cette année

Quand la Balance ne parvient pas à prendre une décision, elle s'énerve, trépigne en blâmant la terre entière. N'attendez pas d'être dos au mur pour être obligé de trancher. Examinez le problème à tête reposée, mariez intuition et réflexion pour savoir comment agir. Évitez surtout les sons de cloche alentour, ils sont contre-productifs, voire négatifs.

• JUIN

Des bisbilles en famille

Votre carte du ciel

La présence de Mercure et de Vénus en Cancer peut devenir pesante au fil des jours. Le Cancer symbolise la famille, la vôtre mobilise votre énergie pour harmoniser les relations entre chacun de ses membres. La tâche est rude. Par exemple, on vous demande de prendre parti. Si vous acceptez, un conflit peut éclater. Même chose si vous refusez.

Votre actu

Les dix premiers jours du mois ne sont pas de tout repos. Trois planètes en signes de Terre et d'Eau, ça fait beaucoup de soucis à régler avec vos proches. Vous dépannez les uns, les autres vous le reprochent. On vous demande d'être partout à la fois, de prêter des sous ; vous donnez beaucoup en ayant l'impression que ce n'est jamais assez. Si le calme revient sur le plan relationnel, la seconde partie du mois reste marquée par une succession de situations à dénouer, en lien avec la maison. Vous avez des dossiers à remplir, des démarches à effectuer, des requêtes à formuler, autant d'activités rébarbatives dont vous vous passeriez volontiers. Le climat est moins contrariant que fatigant, d'où la nécessité de lever le pied régulièrement pour vous ressourcer physiquement.

Pleins feux sur

L'amour

En astrologie, la Balance symbolise le mariage, le Cancer, la maison. Chaque maison a son histoire, le passé s'y invite sous l'influence de Mercure et de Mars en Cancer. Votre union peut être fragilisée par un épisode que vous croyiez oublié et qui se rappelle à vous. Par exemple, si vous vivez dans une famille recomposée, les litiges ou les démêlés juridiques perturbent l'équilibre. Entre les gardes alternées et les pensions à obtenir ou à verser, la situation reste fragile. L'orientation d'un proche vous préoccupe également. L'année scolaire se termine : quelle direction choisir, si les résultats aux examens sont positifs ?

- **Célibataire**

En lisant entre les lignes zodiacales, on découvre que la conjoncture vous recommande de garder vos amours secrètes. Pourquoi ? Parce que le duo Mercure-Mars peut dresser la famille contre vous si vos choix ne plaisent pas. Moins vous parlerez de votre vie privée, moins on sera tenté de la commenter.

- **En couple**

Des interférences vous empêchent de vous aimer sereinement. Le passé parasite les projets que vous souhaitez entreprendre. Les relations avec l'entourage de votre conjoint (ou inversement, entre votre partenaire et vos proches) sont tendues. Vous avez pour habitude de fuir le conflit, mais il semble hélas inévitable.

La forme

La Balance parle avec aisance, pourtant, ce mois-ci, vous préférez ne rien dire et préféreriez ne rien entendre. Les bla-bla vous épuisent. Vous aimeriez avoir une baguette magique pour vous propulser sur une île déserte paradisiaque. En Cancer, les planètes fragilisent votre système digestif. Une contrariété suffit à vous nouer l'estomac. Impossible d'avaler quoi que ce soit à table, mais ensuite vous grignotez entre les repas. Surveillez aussi les taux (de cholestérol, par exemple), susceptibles de faire du yo-yo. Pratiquées en douceur, les activités sportives dissipent petit à petit le stress. Cette fois, exercez-les en solo plutôt qu'en groupe. Courez, nagez seul.

Le moral

Il est plombé par des soucis dont vous n'êtes le plus souvent pas responsable. Vous avez l'impression qu'on vous « refile » un problème en vous demandant de le résoudre le plus vite possible. Si vos moyens vous le permettent, faites-vous plaisir en vous offrant un petit cadeau, une fringue, quelque chose qui vous plaise. Ça vous remontera le moral.

Les relations

Vous êtes confronté à des gens penchés sur leur nombril, soucieux de leur petite personne, et comptant sur la généreuse Balance pour leur faciliter l'existence. Vous râlez dès qu'ils sont partis, sans pouvoir leur dire « non » en face par peur de leur réaction. Mais on vous sait suffisamment habile pour trouver une excuse ou un prétexte pour vous défiler.

À l'arrière-plan

Le travail

L'arrivée de Vénus en Gémeaux, le 10, tombe à pic pour vous redonner confiance. Si le climat relationnel avec votre entourage habituel s'est assombri, de nouveaux contacts stimulent votre désir d'adhérer à des projets inédits. Un rendez-vous est pris, une discussion s'engage pour déterminer le rôle que l'on souhaite vous voir jouer à l'avenir. C'est aussi excitant que gratifiant. Si vous travaillez en famille ou si vous êtes associé, des tensions compromettent la bonne marche de l'entreprise.

L'argent

Côté pro, aucun problème à signaler. Vous pourriez même bénéficier d'un bonus inespéré. C'est sur le plan familial que la situation se complique, avec le risque de devoir dépenser de l'argent, davantage pour votre entourage que pour vous-même.

La carrière

Si vous avez projeté de changer d'environnement, la situation s'annonce idéale pour sauter le pas. Ailleurs, on vous tend les bras, tandis que vous avez le sentiment de faire du surplace là où vous travaillez actuellement.

Votre rôle cette année

Fixez des limites ! C'est le seul moyen d'avoir la paix et d'éviter d'être vampirisé. Le but n'est pas de savoir si votre message sera accepté, ni même apprécié, mais de faire en sorte qu'il soit enregistré. Et qu'il est inutile d'y revenir. Cela ne remet pas en cause l'amour que vous portez à vos proches, à eux de le comprendre et de vous comprendre.

• JUiLLET

Détente et loisirs

Votre carte du ciel

En juin, vous n'aviez pas une minute de répit. Si la pression reste aussi forte ce mois-ci, Mars, à partir du 2, vous donne de l'aplomb pour tenir votre entourage à une distance raisonnable. Vous entendez vous faire plaisir, vous détendre et/ou exercer des activités que vous n'avez pas eu le temps de pratiquer jusqu'ici. Qu'on se le tienne pour dit.

Votre actu

Votre entourage vous connaît par cœur, et sait que vous finissez par céder après avoir dit « non ». Si vous restez chez vous, votre maison risque de ressembler à une auberge espagnole, avec des visites impromptues ou des séjours à rallonge. Si vous partez en vacances, on peut vous demander d'emmener les amis des enfants, les petits-enfants... Vous le faites de bon cœur, cette fois en fixant des règles, en imposant vos conditions et en indiquant les limites à ne pas dépasser. La présence simultanée de Mercure et de Mars en Lion amortit les effets « vampirisants » de Vénus en Cancer. Vous êtes résolu à penser aussi à vous. Socialement, vous avez l'occasion de prendre les rênes d'un projet innovant. Cela tombe à pic et comble votre besoin de vous réinventer.

Pleins feux sur

Le travail

Travailler cet été vous porte chance. Votre carte du ciel affiche un programme inédit à travers une proposition intéressante ou un projet innovant. Entre le 2 et le 19, le duo Mercure-Mars vous apprend à faire tourner la situation en votre faveur. Vous associez l'éloquence (Mercure) à la combativité (Mars), tout en faisant jouer vos relations pour avancer vos pions et obtenir satisfaction. Belle configuration planétaire aussi entre le 18 et le 31. Cette fois, Mars s'allie à Jupiter pour donner de l'expansion à vos activités. Un homme influent vous permet de prendre du galon ou de mieux exploiter vos talents. Enfin, vos succès peuvent être en lien avec l'étranger.

L'argent

Sur le papier, vous avez une bonne affaire à réaliser (peut-être immobilière). Sur le terrain, l'enjeu repose sur la rapidité avec laquelle vous réagissez dès qu'une opportunité se présente. Restez aux aguets autour du 15 : Mars et Jupiter organisent un changement dont vous pouvez tirer profit (un bonus ponctuel ou une augmentation).

La carrière

Le Lion est un signe ambitieux, il ne s'en cache pas et se bat à la loyale pour décrocher la victoire. Le binôme Mercure-Mars, qui le survole ce mois-ci, vous conseille de vous inspirer de son aplomb pour faire évoluer votre carrière. Montrez que vous visez haut et rêvez d'aller loin, on se félicitera de vous voir impliqué à ce point dans l'entreprise.

La forme

De la fermeté... tant dans les propos que dans la cuisse. Mars ne se laisse pas marcher sur les pieds, encore moins en Lion, un signe autoritaire. La planète rouge vous apporte de la robustesse. Si vos journées sont chargées, vous tenez le choc. Votre énergie ne faiblit pas. Mais pas question de profiter de votre vitalité pour vous demander sans arrêt de rendre service. Vous voulez bien aider, mais pas trop, juste ce qu'il faut. Par ailleurs, Mars adore la compétition. Vous reprenez le sport en vous mettant au défi de sculpter votre corps. On affine la silhouette, on muscle les fessiers, de bonne heure peut-être mais toujours dans la bonne humeur. Et quelle fierté une fois l'objectif atteint !

Le moral

Vous vous plaignez d'avoir trop d'activités, mais vous déprimez sitôt que vous vous ennuyez. Moralité, plus vous êtes occupé, moins vous êtes préoccupé. Le tandem Mars-Jupiter favorise les voyages. Tout déplacement ou changement d'environnement vous donne la pêche et le sourire. Vous affichez davantage d'énergie à l'extérieur que chez vous.

Les relations

D'abord, vous plaisez beaucoup physiquement. Voir votre charme opérer vous fait plaisir et renforce votre confiance en vous. En Cancer, Vénus témoigne de l'intérêt que l'on vous porte, un intérêt parfois intéressé. Heureusement, Mars vous convainc de fixer des règles pour que personne ne soit tenté d'abuser de votre gentillesse.

À l'arrière-plan

L'amour

Vous n'en manquez pas, mais il peut devenir envahissant, cet amour ! C'est votre talon d'Achille. En juillet 2018, vous disiez : « C'est fini, l'année prochaine je ne reçois personne et je m'occupe de moi. » Un an plus tard, la maison est pleine, on vous voit davantage à la cuisine qu'à la plage. Heureusement, le duo Mercure-Mars vous soulage en créant l'événement par une soirée animée ou un voyage imprévu. Vous pouvez ainsi vous éclipser pour vous divertir, seul ou à deux, en amoureux.

- **Célibataire**

La Balance a la réputation d'abandonner brusquement ses amis pour aller rejoindre l'élu de son cœur. Le scénario risque de se reproduire si vous tombez sous le charme de quelqu'un lors d'un voyage avec vos proches.

- **En couple**

Vous pouvez compter sur le soutien de votre partenaire pour vous aider à faire le vide, de manière à préserver votre intimité. La période est également propice pour s'offrir une escapade à l'étranger, dans un endroit encore jamais visité.

Votre rôle cette année

Si vous jouez les risque-tout (grâce à l'influence « culottée » de Mars en Lion), vous manifestez davantage de prudence sur le plan affectif. Vous manquez d'assurance, mais aussi d'autorité vis-à-vis de votre entourage ; vous le regrettez sans pouvoir y remédier. Une solution peut-être : vous retrancher derrière l'un de vos proches qui ne craindra pas de dire « non » à votre place.

• AOÛT

De belles émotions

Votre carte du ciel

Août et septembre apparaissent comme les meilleurs mois de l'année. Le retour de Mercure est d'excellent augure pour partager de bons moments tout en préparant la rentrée. Il n'est pas impossible que les deux soient liés. Vous pouvez fort bien sympathiser, puis vous associer avec vos nouveaux amis autour d'un beau projet.

Votre actu

Si vous étiez raplapla jusque-là, Mercure revient vous donner de l'énergie du 12 au 29. Vénus et Mars sont également de la partie, apportant des ambiances festives, de bons résultats financiers et beaucoup d'amour. Au total, pas moins de quatre planètes traversent les signes de Feu. Or l'Air (votre élément) attise le Feu : vos actions (le Feu) sont inspirées par les contacts (l'Air) que vous nouez un peu partout. Plus vous voyez du monde, plus vous prenez des initiatives. Vous tenez aussi compte des conseils que l'on vous donne, des remarques que l'on vous fait pour améliorer vos prestations ou votre savoir-faire. Signe de l'élégance, votre charme est plus irrésistible encore en été. Y ajouter un soupçon d'humour accroît votre popularité.

Pleins feux sur

L'amour

La Balance est quasi certaine de pousser la romance. Jusqu'au 21, Vénus décuple votre pouvoir de séduction. Vous marquez l'endroit de votre présence et de votre prestance. Votre charisme est votre meilleur atout pour tisser des liens. En confiance, vous prenez davantage d'initiatives, ajoutez une touche d'humour et de fantaisie à vos propos. Contrairement au mois de juillet, où vous sembliez dépassé par les événements, vous donnez des directives à votre entourage et vous tenez à ce qu'elles soient appliquées. En Lion, Vénus réveille l'artiste qui est en vous. Vos activités font toutes appel à la création, à l'inspiration et à l'imagination.

- **Célibataire**

Impossible de rester célibataire. On vous fait la cour, vous recevez des déclarations d'amour... C'est flatteur, mais il n'est pas sûr que cela suffise à votre bonheur. L'important n'est pas de savoir à qui vous plaisez, mais qui peut vous plaire assez pour que vous vous engagiez dans une relation. En théorie, votre cœur devrait battre la chamade entre le 6 et le 13.

- **En couple**

Votre conjoint vous laisse le soin de diriger les opérations. À vous de décider du programme de la journée : on vous fait confiance, sachant bien qu'il sera parfait. Le duo Vénus-Mars stimule votre libido. Vous retrouvez la ferveur des premiers jours. Quant à Mercure, son retour le 12 favorise une augmentation de votre pouvoir d'achat, avec la possibilité de lancer un projet qui vous tient à cœur.

Le travail

Vos initiatives vont bien au-delà du secteur professionnel. La Balance développe ses activités. Mars vous apporte de la combativité, Vénus vous aide à gagner la confiance, Jupiter diffuse vos talents. Mercure enfin vous donne le cran de parier sur des affaires peut-être risquées, mais lucratives. Si vous êtes dans les starting-blocks, à la veille de lancer un projet personnel, vous disposez de tous les éléments pour agir. Les conditions sont également idéales si vous êtes sur le point de changer de service ou de lieu de travail. L'adaptation devrait être facile, et facilitée par un entourage aussi accueillant que compétent.

L'argent

Mercure vous convainc de ne plus vous excuser de vouloir en gagner davantage. Plus vous afficherez vos ambitions, plus vous relèverez des défis, avec la ferme intention de les remporter. Une promotion est annoncée pour la seconde quinzaine du mois. Vous pouvez aussi avoir l'heureuse surprise de voir vos charges et taxes diminuer.

La carrière

Vous prenez votre élan avant de prendre votre envol. Telle est l'illustration de votre carte du ciel, à quelques semaines d'une rentrée brillante et prometteuse. Nos quatre mousquetaires planétaires se chargent des préparatifs afin de créer une situation déterminante pour votre carrière. Des signes avant-coureurs augurent d'une ascension fulgurante.

À l'arrière-plan

La forme

Le Soleil est la planète fétiche du Lion. Son énergie vous remet sur pied si vous sortez de deux mois éreintants. Le

Lion a la réputation d'avoir de l'ego, tant mieux : vous faites bien de vous en inspirer pour prendre soin de vous et vous faire plaisir. Quatre planètes en Lion symbolisent quatre piliers protecteurs. Le Soleil améliore votre moral, Mercure fluidifie votre système circulatoire, Vénus vous apporte ses bienfaits hydratants, Mars vous aide à recharger rapidement vos batteries. À condition, bien sûr, de ne pas céder aux excès.

Le moral

Il n'a jamais été aussi bon. Déjà parce que vous aimez le soleil, la lumière et les ciels étoilés. Mais vous devez surtout votre bien-être à la sensation d'avoir renoué avec la confiance. Un déclic s'est produit, grâce auquel vous avez compris l'étendue de vos talents.

Les relations

Nombreux sont ceux qui rendent hommage à votre grâce, à votre élégance, mais surtout à votre empathie sincère et constante. On recherche votre compagnie, certain de partager avec vous des moments exquis.

Votre rôle cette année

Tout va pour le mieux, allez-vous en profiter pour vous la couler douce et vous tourner les pouces ? Pas du tout ! Au contraire, cette bonne situation est propice pour lancer des projets, promouvoir vos compétences. Allez de l'avant en mettant votre savoir-faire en valeur. Prendre toutes sortes d'initiatives vous permettra de capitaliser la chance et le succès.

• SEPTEMBRE

L'alignement des planètes

Votre carte du ciel

Il faut attendre la mi-septembre pour assister à ce magnifique rassemblement planétaire et bénéficier de tous ses bienfaits. Ça commence par une belle alliance Mercure-Vénus : ce duo de charme entre dans votre signe le 15, rejoint le 23 par Jupiter. Une configuration idéale pour vous fiancer, vous marier, vous associer et voyager.

Votre actu

La Vierge vous vole la vedette pendant les quinze premiers jours du mois. Les journées se suivent et se ressemblent, besogneuses, un peu ennuyeuses. Mais tout est en mouvement, les planètes se déplacent pour s'aligner juste au-dessus de vous. Vous vous retrouvez bientôt sous le feu des projecteurs, avant tout grâce à l'influence bénéfique d'une personne de votre entourage. Quelqu'un frappe à la porte ou vous appelle pour vous soumettre une heureuse proposition. À priori, il pourrait s'agir d'une femme, le binôme Mercure-Vénus mettant la féminité à l'honneur. En fin de mois, Jupiter favorise les voyages. Un déplacement peut provoquer un déclic et vous amener à changer de situation. Rien de subi, c'est vous qui prenez la décision de bouger.

Pleins feux sur

Le travail

Et si vous accédiez à la célébrité ? Les plus grands artistes ne sont-ils pas nés sous le signe de la Balance ? Brigitte Bardot, Catherine Deneuve, John Lennon, Julien Clerc... Vous souriez, mais il suffit d'interroger votre entourage pour mesurer à quel point on vous estime. À partir du 15, Mercure (la communication) s'associe à Vénus (la considération), ce que l'on fait de mieux pour gravir un échelon. Autant que vos compétences, vos qualités humaines font la différence. Prévoyez un entretien déterminant pour votre carrière. Le poste que l'on vous propose fait appel à votre sens relationnel ; on peut aussi vous demander d'être mobile et d'accepter des horaires élastiques.

L'argent

Si tout va bien, vous devriez récupérer à partir du 15 ce que vous avez dépensé en début de mois. À défaut de gagner de l'argent, vous trouvez des astuces pour limiter les frais. Le binôme Mercure-Vénus favorise aussi la discussion. N'hésitez pas à négocier pour obtenir une aide ou un délai. À priori, il existe un moyen de s'arranger.

La carrière

Vous l'avez souvent lu, la Balance est le signe du mariage, ce qui donne lieu à des associations heureuses dans le travail. Dans la seconde partie du mois, vous bénéficiez du soutien d'une personne qui entend vous propulser vers les sommets. Son action efficace est à effet immédiat. Vous prenez du galon ou décrochez une augmentation.

L'amour

Il y a le sentiment amoureux (Vénus) et ce que l'amour nous permet d'accomplir (Mercure). En résumé, ce mois-ci, l'amour vous donne des ailes. Mercure-Hermès n'avait-il pas des ailes aux pieds pour porter les messages aux dieux ? Les projets avancent, ils prennent forme selon vos désirs, avec la promesse d'améliorer vos conditions de vie. Les câlins s'enchaînent, destination le nirvana. Les échanges sont constructifs, on se serre les coudes s'il le faut, on se relaie aussi pour se faciliter la vie. Si vous voulez déclarer votre flamme, faire un bébé, déménager ou partir en escapade, attendez le 15, vos vœux seront à coup sûr comblés.

- **Célibataire**

Si vous avez croisé l'âme sœur le mois dernier, les liens s'intensifient à partir du 15. Après une période de flottement, vous mesurez combien vous êtes attaché à l'élu de votre cœur, avec l'envie de prolonger l'histoire. Si vous êtes encore célibataire, une rencontre s'annonce, via les réseaux sociaux (Mercure) ou au cours d'un événement festif (Vénus).

- **En couple**

Retour au grand amour, en mettant tout en œuvre pour qu'il dure toujours. Dans un couple, il y a des hauts, des bas et des très hauts quand Vénus (votre planète fétiche) gravite autour de votre signe. Lancez tous les projets qui vous tiennent à cœur après le 15, vous n'aurez aucun mal à les réaliser. Les développer ensemble renforce les liens qui vous unissent.

À l'arrière-plan

La forme

Pendant quinze jours, vos humeurs sont comme le temps : variables. La Balance aimant la lumière, voir les jours raccourcir et le ciel s'assombrir vous fiche le cafard. Dans la seconde moitié du mois, de bonnes nouvelles vous redonnent le sourire. Avec un moral au top, vous êtes davantage motivé pour pratiquer une activité physique. Si vous envisagiez de vous inscrire dans un centre de remise en forme, c'est chose faite. L'influence positive du duo Mercure-Vénus augure d'un prompt rétablissement.

Le moral

Le démarrage est poussif, vous abordez la rentrée la moue boudeuse, les sourcils froncés. Mais, petit à petit, votre visage s'éclaire, jusqu'à devenir radieux à partir du 15. Sous l'action de Vénus, vous retrouverez une sensation de bien-être, peut-être aussi parce que vous prenez davantage soin de vous.

Les relations

Si vous remettez le pied à l'étrier après une période de congé, la reprise s'annonce difficile. À la moindre remarque, vous ruez dans les brancards. Là encore, il faut attendre le 15 pour renouer avec des échanges positifs et constructifs.

Votre rôle cette année

Une lumière au bout du tunnel, voilà à quoi ressemble la configuration planétaire de septembre. Le brouillard se dissipe, la situation se clarifie au fil des jours. Un renversement de situation en votre faveur s'annonce. Anticipez cet heureux changement en prenant votre mal en patience jusqu'au 15... sans trop râler.

• OCTOBRE

L'esprit de conciliation

Votre carte du ciel

En Balance, Mars mène un combat contre les injustices. Mais la planète rouge préfère chercher un compromis plutôt que d'engager un bras de fer. À partir du 5, vous entreprenez des démarches pour défendre vos intérêts. Négocier, remplir des dossiers, adresser des requêtes... tout est mis en œuvre pour obtenir satisfaction, ou réparation.

Votre actu

Les planètes se relaient pour préserver votre stabilité. Mercure équilibre les comptes en début de mois, Vénus harmonise les relations jusqu'au 8, enfin Mars renforce votre résistance du 5 au 31. Vous venez de fêter votre anniversaire ou vous êtes sur le point de le faire : franchissez le cap avec facilité. Avant d'écrire un nouveau chapitre, vous tirez un enseignement des mois qui se sont écoulés. Côté pro, votre statut s'est renforcé, vous avez gagné en crédibilité comme en notoriété. L'heure est venue de faire reconnaître « financièrement » vos compétences, par une augmentation de salaire. Côté cœur, vous avez réussi à solder le passé, sans rancœur et sans regret. Le socle est solide, le toit aussi, il est temps désormais de bâtir l'avenir en formant d'autres désirs.

Pleins feux sur

Le travail

Mars est la planète fétiche de votre voisin d'en face, le Bélier. Chez votre rival, elle incite à foncer tête baissée. Dans votre signe du 5 au 31, elle fait monter la pression par un surcroît de travail, des délais plus courts ou des directives difficiles à suivre. Serrer les poings ne sert à rien : il faut ruser. La tactique de la Balance peut se révéler plus payante que la stratégie du Bélier. N'ayez pas peur de caresser les gens dans le sens du poil pour obtenir des facilités. Sur le plan financier aussi, il est dans votre intérêt de parlementer. Ponctuez votre argumentaire de sourires gracieux, vous gagnerez facilement la confiance de vos interlocuteurs. Un dernier conseil : évitez de vous associer, pour ne pas courir le risque d'être trahi.

L'argent

La conjoncture vous oblige à mettre le nez dans vos papiers pour régulariser une situation. L'administration vous demande des comptes, un litige vous oppose à votre compagnie d'assurances… autant de scénarios à envisager, et de questions qui peuvent se révéler coûteuses si vous négligez d'y répondre. Plus vite l'affaire sera réglée, plus vite vous serez soulagé.

La carrière

Place à la réflexion. Il est parfois nécessaire de prendre le temps de cerner ses désirs et de cibler ses priorités. Les conseils de votre entourage sont les bienvenus pour accumuler un maximum d'éléments qui vous aideront à mieux vous orienter. Ratissez large, glanez des infos, inspirez-vous du parcours de personnes que vous admirez pour avancer vos pions.

La forme

Davantage à l'écoute de votre corps, vous prenez le temps de chercher des soins, des remèdes et des régimes adaptés à vos besoins. Côté forme aussi, Mars préconise la discussion pour trouver des solutions. L'avis d'experts vous éclaire. S'instaure un réel échange, bienveillant et rassurant. Hier, vous preniez parfois les soucis par-dessus la jambe, désormais vous voulez comprendre ce qui se passe pour résoudre le problème. Mars est une planète excessive. Elle fait monter la tension, tant dans les relations qu'intérieurement. Surveillez la vôtre, si elle vous semble élevée. Calmez votre nervosité avec des séances de relaxation.

Le moral

Votre carte du ciel témoigne de l'utilité de commencer un travail intérieur. Une introspection est la bienvenue pour faire le point – sur vous-même, vos sentiments, vos désirs... Au départ, l'exercice peut vous déstabiliser, d'où l'intérêt d'être accompagné, mais le parcours promet d'être enrichissant si vous décidez de l'entreprendre.

Les relations

Vous devez tout à la fois tendre l'oreille et ne pas vous laisser influencer. Faites preuve de discernement en sachant faire la différence entre conseils utiles et remarques stériles. Vous réussirez à convaincre en expliquant la raison de votre démarche ou de votre décision. La Balance, reine de la diplomatie, doit user aussi de pédagogie.

À l'arrière-plan

L'amour

Vénus s'en va le 9 : vous disposez de huit jours pour faire œuvre de conciliation, ou sceller une réconciliation si vous étiez en froid. Certes, rien n'est définitif, mais cette courte période s'annonce propice pour resserrer les liens. À partir du 5, Mars vous confie la mission de préserver l'équilibre à la maison. Vous y parviendrez en privilégiant le dialogue. Écoutez sans juger, évitez de réagir à chaud. Vous créerez un climat de confiance qui incitera vos proches à vous demander conseil et à vous faire des confidences.

- **Célibataire**

Si vous doutez de vos sentiments à l'égard de quelqu'un que vous venez de rencontrer, vous trouverez des réponses après avoir discuté avec l'intéressé. Ce n'est pas facile, mais vous saurez quelle direction suivre et quelle attitude adopter.

- **En couple**

On ne peut pas tout, tout seul. Faire en sorte que votre conjoint ne se soucie de rien est une belle preuve d'amour, mais la charge devient trop pesante. Mars vous convainc de tirer le signal d'alarme quand ça ne va pas, et de demander à votre partenaire de vous relayer.

Votre rôle cette année

Il faut trouver votre équilibre. À priori, la Balance excelle en la matière, mais ce n'est pas si simple... Vous y parviendrez en dévoilant vos failles, vos doutes, votre anxiété. Exprimer vos émotions vous apportera un soulagement. Une fois tranquillisé, vous réussirez plus facilement à harmoniser la situation et les relations.

• NOVEMBRE

Un vrai film d'action

Votre carte du ciel

Un mois trépidant vous attend, tout en mouvement et en rebondissements. Les scénaristes sont Mars et Jupiter, deux planètes entreprenantes qui savent créer l'événement. Du 5 au 19, vous traversez une période excitante au cours de laquelle s'enchaînent des rencontres épatantes, des projets étonnants… tous en lien avec les déplacements.

Votre actu

La conjoncture s'annonce idéale pour obtenir ce que vous voulez sans avoir d'obstacles à surmonter, ni d'esprits récalcitrants à affronter. Votre nature conciliante canalise l'énergie martienne en préférant la négociation à la confrontation. Vous réussissez à convaincre avec habileté. Toujours en Sagittaire (c'est le dernier mois), Jupiter fait bouger votre destin. Sur le plan géographique d'abord, à travers une affectation, une mutation, un déménagement. Puis sur le plan financier, grâce à des bénéfices qui améliorent votre situation. Et enfin, dans la sphère sociale, par le biais d'une personne intéressée par votre profil et séduite par votre personnalité. Si vous n'atteignez pas à la plénitude, au moins éprouvez-vous une agréable sensation de complétude.

Pleins feux sur

Le travail

Vous n'arrêtez pas une minute, moins par nécessité que par envie de prendre des initiatives. Vous aimez le mouvement, les déplacements, et répondez présent chaque fois qu'il faut bouger. Le tandem Vénus-Jupiter en Sagittaire crée l'émulation en équipe. La situation est idéale pour manager, former ou suivre vous-même une formation. Tablez aussi sur un aménagement possible de votre temps de travail, pourquoi pas en alternant le bureau et votre domicile ? Enfin, si vous envisagez de vous reconvertir, vous devriez pouvoir explorer ce mois-ci une piste susceptible de coller à vos attentes. En forçant le destin, vous doublez vos chances de succès.

L'argent

Le Sagittaire est un signe astucieux et débrouillard. Les planètes qui le traversent servent vos intérêts financiers en vous donnant des tuyaux pour gagner gros. Vous apparaissez au bon moment, croisez les bonnes personnes et dénichez facilement les bons plans. La période est également propice pour acheter un nouveau véhicule.

La carrière

Tout dépend de votre état d'esprit. Si vous préférez la stabilité à l'aventure, l'opportunité de bouger apparaîtra comme une contrainte et vous contrariera. À l'inverse, si l'idée de plonger dans l'inconnu pique votre curiosité, vous sauterez sur l'occasion de partir dans une autre direction. À vous de choisir… si vous en avez la possibilité.

L'amour

En se regroupant autour de l'aventurier Sagittaire, les planètes donnent un petit côté « flibustier » à votre personnalité.

La Balance monte à l'abordage pour déclarer sa flamme, sauter au cou de son partenaire en lui promettant des nuits blanches extraordinaires. Vous l'avez lu, la notion de voyage est d'actualité, avec un effet à la fois utile et distrayant qui vous remplit de joie. Par exemple, vous pouvez accompagner votre conjoint lors d'une mission dans une autre région. Ou bien décrocher un job, après avoir tout quitté pour rejoindre l'élu de votre cœur. Un enfant part s'installer à l'étranger, vous l'escortez pour l'aider à trouver ses marques.

- **Célibataire**

Le Soleil, Vénus et Jupiter vous offrent un visa pour l'amour. Vous le croisez à l'étranger, au cours d'un voyage, à moins que l'heureux élu ne soit d'une nationalité différente de la vôtre. La rencontre est pétillante, elle fait battre votre cœur à cent à l'heure et pique votre curiosité de vivre une aventure à nulle autre pareille.

- **En couple**

Vous êtes sur le départ. Pour quelle destination, on l'ignore, mais les valises ou les cartons sont faits. Et si vous ne partez pas, l'idée d'un voyage peut revenir dans les conversations. Très vite, elle fait son chemin et vous amène à bloquer une date pour valider le projet. La conjoncture favorise aussi une mutation (la vôtre ou celle de votre conjoint).

À l'arrière-plan

La forme

Vous tenez une forme épatante, tonique et tonifiante pour votre entourage. Si vos amis n'ont pas le moral, ils le retrouvent à votre contact. Si vos collègues n'ont pas le cœur à travailler, votre énergie les incite à redonner un coup de collier. L'expression « être en jambes » illustre la bonne condition physique qui est la vôtre. En Sagittaire, les planètes incitent à se dégourdir les jambes, à les ménager aussi, et à les soulager si elles sont lourdes ou douloureuses.

Le moral

Il est au top, à croire qu'il est impossible d'aller plus haut. Vous éprouvez un vrai soulagement de ne plus être à la merci de vos humeurs, variées et variables. Cette fois, le bien-être semble être fait pour durer. Vous vous le promettez.

Les relations

Vous alliez charme, sympathie et énergie. On ne peut rêver meilleur ami pour donner la pêche et le sourire. Si vous travaillez dans le commerce, vos talents pour accroître et fidéliser la clientèle forcent l'admiration.

Votre rôle cette année

Il n'est pas dans les habitudes de la Balance de s'engager dans la compétition. Pourtant, l'envie vous démange de damer le pion à la concurrence en vous mettant davantage en avant. Ne cogitez pas trop longtemps, vous douteriez et renonceriez. Agissez plutôt ! En confiance, avec assurance, en mettant votre ego en avant et en faisant la démonstration de vos talents.

• DÉCEMBRE

Des petits contretemps

Votre carte du ciel

Les planètes décident de se regrouper en Capricorne, ce qui a pour effet de retarder vos projets. Malgré vous, vous êtes obligé de ralentir la cadence, faute de moyens suffisants pour exercer vos activités. Cette situation contraignante retentit sur vos humeurs, plus irritables qu'enjouées. Votre entourage en fait parfois les frais.

Votre actu

Jupiter s'en va en début de mois, quittant le Sagittaire (un partenaire) pour entrer en Capricorne (un adversaire). L'heure est aux restrictions, avec l'obligation de bien gérer vos comptes afin d'éviter d'avoir à en rendre (des comptes). Signe d'Air, la Balance rime souvent avec insouciance, un mot remplacé ce mois-ci par « exigence ». À partir du 10, Mercure confirme que vous pouvez bénéficier de nombreux avantages si vous forcez le destin. C'est lent, ça coince, mais ça peut passer si vous redoublez d'efforts, avec de bonnes surprises à la clé. Sur le plan affectif, on vous demande de prendre un engagement. Il n'est plus temps d'hésiter. C'est quitte ou double : on avance main dans la main, ou bien c'est chacun sa route, chacun son chemin.

Pleins feux sur

L'amour

Après un si beau parcours, on pouvait s'attendre à finir l'année en beauté. Pourtant, Vénus en Capricorne ne l'entend pas de cette oreille. Le temps n'est pas à batifoler, plutôt à se pencher sur les comptes pour tenter de les équilibrer. Vous dépensez trop, c'est ce que semble indiquer la conjoncture à partir du 5. Difficile de jongler entre les achats pour les fêtes et les échéances à honorer. Vous avez envie de faire plaisir, mais il n'est pas certain que vos moyens vous le permettent. En famille, Vénus recommande de consolider les liens, par exemple en veillant à ce que les sujets qui fâchent ne soient pas abordés à l'heure du réveillon. On compte sur votre arbitrage pour éviter tout dérapage.

• Célibataire

Décembre n'est pas le mois idéal pour croiser l'amour, mais rien ne vous empêche de démentir la prévision en prenant des initiatives audacieuses, un rien coquines... Ne vous attendez tout de même pas à ce que l'histoire se prolonge. La famille occupe une place importante, elle vous accapare en vous laissant peu de latitude pour flirter.

• En couple

Les problèmes matériels retentissent sur vos échanges, plus houleux de jour en jour. Stop ! Mettez tout à plat pour faire le tri et cibler les priorités. Le reste attendra. Les histoires de famille influencent la manière dont s'organisent les festivités, des discussions s'engagent pour tenter de mettre tout le monde d'accord... Ce n'est pas gagné.

La forme

La forte concentration de planètes en Capricorne (Soleil, Vénus, Jupiter, Saturne, Pluton) fragilise vos articulations. C'est le point sensible du Capricorne : le squelette. D'anciennes douleurs se réveillent, à soulager par des soins appropriés si vous ne voulez pas être embêté par la suite. Ça peut coincer du côté du dos, au niveau du cou. Coudes et genoux sont aussi à surveiller. Le Capricorne est gouverné par la Terre, la Balance par l'Air, et l'Air dessèche la Terre : tous les soucis relationnels (l'Air) impactent votre système articulaire (la Terre). La charge que votre entourage fait peser sur vos épaules (l'Air) vous empêche d'avancer (la Terre) et d'agir à votre gré.

Le moral

Votre emploi du temps est trop encombré pour un signe qui a besoin de reprendre son souffle en se changeant les idées. Vous manquez de temps pour vous, d'où votre sensation d'oppression. Il est parfois nécessaire d'être égoïste, surtout quand il s'agit de préserver sa santé. Mettez-vous aux abonnés absents, de manière à vous ressourcer et à vous aérer l'esprit.

Les relations

Ce n'est pas tant la présence de vos proches qui vous importune que les services incessants qu'ils vous demandent de leur rendre. Vous avez l'impression de vous retrouver en juin ou en juillet, une époque où vous étiez constamment sollicité. Qui plus est, les planètes en Capricorne ont tendance à vous faire culpabiliser chaque fois que vous refusez de donner satisfaction à votre entourage.

À l'arrière-plan

Le travail

Ce mois-ci, il est lourd à porter et lourd à supporter. Vous avez du mal à tenir la cadence. Cumuler les activités vous fait courir le risque d'en bâcler certaines, par manque de temps ou par négligence. Quant à l'ambiance, vous n'arrivez plus à prendre sur vous pour faire bonne figure, alors que le climat se détériore. En résumé, s'il vous reste des jours de congé à poser, n'hésitez pas une seconde. Consolation : une prime, attendue sans doute, mais dont le montant peut être inespéré.

L'argent

Ce bonus de fin d'année tombe à pic pour vous aider à stabiliser la situation. S'il ne comble pas toutes les dépenses, au moins a-t-il la vertu de les amortir. Pour ne pas trop déprimer, soit vous gérez au jour le jour en réajustant quand il le faut, soit vous attendez l'année prochaine pour faire la compta.

La carrière

Il n'est pas question d'envisager une promotion pour le moment : tel est le message que l'on vous adresse et qui sous-entend de ne pas revenir à la charge. Prenez votre mal en patience en attendant que les vents soient plus cléments.

Votre rôle cette année

Les stoïciens considèrent que la sagesse et la vertu sont les clés qui permettent de parvenir au bonheur. Vous y accéderez en commençant par distinguer ce qui dépend de vous et ce qui n'en dépend pas. Sous l'action du Capricorne, les paramètres extérieurs vous freinent. Vous n'y pouvez rien, mais il est dans votre pouvoir d'en tirer parti pour approfondir vos idées et vos projets.

Vos rencontres en 2019

Si vous croisez un Bélier

Le départ d'Uranus, le 7 mars, vous permet de renouer avec la complicité. Jusqu'ici, la planète rebelle s'ingéniait à créer des rapports de force entre vous. Désormais, vous trouvez des terrains d'entente côté pro, accordez vos violons côté cœur. Le Bélier se réjouit de vous voir prendre des décisions et passer à l'action, sans tergiverser comme par le passé. Votre aplomb force son admiration.

Si vous croisez un Taureau

Il vous encourage à développer des projets audacieux. Hier, il vous aurait dissuadé de tenter l'aventure, mais cette année, sous l'influence d'Uranus, il prend des risques, court le monde, décroche la Lune. Sa bienveillance vous rassure et vous donne confiance. Grâce à lui, vous croyez en vos chances de réussite. Comptez sur lui pour répondre présent chaque fois que vous l'appellerez à la rescousse.

Si vous croisez un Gémeaux

Il fait la grimace en 2019, notre Gémeaux – la faute à Jupiter qui l'empêche d'agir à sa guise. Aussi a-t-il tendance à puiser dans votre énergie pour dissiper ses doutes et aller de l'avant. C'est à la fois vampirisant et attendrissant. Fixez-lui des règles et des limites à ne pas dépasser. Être obligé de tenir ses engagements lui permet de préserver son équilibre et de progresser.

Si vous croisez un Cancer

Vous vous émancipez tous les deux, bien que de manière différente. Uranus incite le Cancer à faire des folies. Il peut tout plaquer du jour au lendemain. De votre côté, Jupiter vous apprend à ne plus être à la merci d'autrui. Vous reprenez votre liberté et votre destin en main. Les malentendus se répètent : vous le jugez imprévisible et peu fiable, il vous reproche de ne penser qu'à vous.

Si vous croisez un Lion

Cette année, vous jouez les randonneurs : deux signes globe-trotters capables de tout quitter pour s'installer ailleurs. Dans le cadre du travail ou sur le plan affectif, vous êtes tous les deux partants dès qu'il s'agit de larguer les amarres. Si vous vivez ensemble, un déménagement s'annonce avant l'été. Enfin, si vous tombez amoureux l'un de l'autre, ce sera sans doute à l'étranger.

Si vous croisez une Vierge

Rigide hier, désinvolte aujourd'hui, la personnalité de la Vierge vous échappe. Vous ne comprenez pas qu'elle veuille casser son image pour tenter de la redorer. Son insouciance apparente vous semble suspecte, vous gardez vos distances, dans le travail en particulier. En amour, vous alternez conflits et complicité, avec une vraie difficulté à inscrire votre relation dans la durée.

Si vous croisez une Balance

En couple, vous adoptez un mode de vie épicurien, basé sur le désir, le plaisir et la connivence : on ne programme rien, on obéit à ses envies, et c'est bien. Dans le cadre du travail, Jupiter stimule votre créativité. Vos projets sont originaux, géniaux, appelés à se diffuser et à remporter de francs succès. Vos forces et vos idées réunies génèrent d'importants profits.

Si vous croisez un Scorpion

Vous vous connaissez si peu que vous avancez à tâtons l'un vers l'autre. Pourtant le désir est là, à la fois timide et impatient. Jupiter vous donne le cran de lui parler à cœur ouvert. Il s'en réjouit : aussitôt, un climat de confiance s'instaure. Vous finissez par ne plus pouvoir vous passer l'un de l'autre. Cela se traduit par de beaux et ambitieux projets qu'il vous tarde de mener à bien main dans la main.

Si vous croisez un Sagittaire

C'est l'une des meilleures associations de l'année. Grâce à Jupiter, le Sagittaire se refait une santé… financière. Il se montre généreux à votre égard, comble vos vœux, vous dépanne si besoin. Vous avez également l'occasion de voyager ensemble. Si un lien de parenté vous réunit, un changement de situation vous permet de vous voir plus souvent. En couple, vous avez toutes les chances de déménager.

Si vous croisez un Capricorne

Vous prenez gentiment vos distances avec le Capricorne, en lui laissant entendre que vous serez moins disponible que par le passé. S'il vous comprend, c'est qu'il vous aime vraiment, sinon... bon vent ! Côté pro, vous entendez travailler sur un pied d'égalité. Pas question de vous plier à son autorité. Il s'en agace avant de vous respecter, bien plus qu'auparavant. La fermeté (quand elle est juste), ça paie.

Si vous croisez un Verseau

Vous partagez des activités divertissantes, de vraies récréations même dans le cadre du travail. C'est la preuve qu'on peut bosser sérieusement sans se prendre au sérieux. Vous vous complétez à merveille, surtout pour organiser un changement... de lieu, d'activité, de mode de vie. Même relais sur le plan financier : quand l'un est à sec, l'autre l'aide à renflouer les comptes, et vice versa.

Si vous croisez un Poissons

Vous cassez tous les deux les codes en 2019. La Balance indécise tranche, le Poissons poltron ose... Alliez les deux et vous atteindrez les sommets en brillant par votre inventivité inégalée. Esthètes et artistes dans l'âme, vous débordez d'imagination pour transformer, embellir ou améliorer la situation. Vos projets s'étendent, voyagent et vous amènent à voyager.

Astro junior

L'enfant Balance en 2019

Il ne tient pas en place, notre petit Balance, en 2019. Jupiter lui donne bonne mine et lui offre assez d'énergie pour déplacer des montagnes. S'il est sportif, il double ses chances de remporter de belles victoires. Il est aussi très doué pour convaincre à l'oral, avec une tchatche utile et constructive. Son point faible : la concentration, surtout lorsqu'il se retrouve le nez penché sur ses devoirs. Très vite, il se laisse distraire, au risque d'être obligé de tout reprendre à zéro pour bien assimiler la leçon. Dans l'ensemble, 2019 est une année hyperpositive.

Son bulletin astro trimestriel

• Premier trimestre (janvier-mars)

Les planètes en Sagittaire lui donnent du peps pour reprendre les cours sans rechigner. Sa force : s'exprimer quand il ne comprend pas, plutôt que de laisser croire que tout va bien. Une fois l'abcès percé, il avance en confiance et avec assurance. Si les résultats ne sont pas à la hauteur, la progression est là, lente mais constante. Son optimisme et sa motivation sont ses meilleurs atouts pour progresser.

Avis de l'astrologue

Il est important d'accompagner son mouvement. Plus il accélère, plus il est judicieux de soutenir sa cadence avec des encouragements permanents.

• Deuxième trimestre (avril-juin)

Uranus a débarrassé le plancher, les doutes de l'enfant Balance s'envolent au profit d'une volonté de prendre des initiatives. Il est moins dans la rébellion et propose plutôt que de chercher à imposer son point de vue. Les activités menées en équipe lui donnent l'occasion de montrer l'étendue de ses talents. Il se distingue moins par ses connaissances que par l'originalité de ses idées ou de ses actions.

Avis de l'astrologue

Il faut l'inciter à se projeter dans l'avenir afin qu'il puisse cerner l'orientation qu'il envisage de suivre à la rentrée.

- **Troisième trimestre (juillet-septembre)**

L'été s'annonce très animé. Jupiter favorise les voyages, les loisirs, les activités sportives. Les journées sont chargées mais variées : il adore. S'il est en âge de tomber amoureux, son cœur risque de battre la chamade au mois d'août. Peu pressé d'aborder la rentrée, il remet doucement le pied à l'étrier avant de donner un coup de collier à partir du 15 septembre. Là, les résultats peuvent être épatants.

Avis de l'astrologue

Mieux vaut ne pas se mêler de ses affaires, ni lui poser de questions. Si vous prenez un peu de distance, il se laissera aller lui-même aux confidences.

- **Quatrième trimestre (octobre-décembre)**

Octobre est un mois fatigant, physiquement parlant. Le réveil est difficile, aller à l'école lui demande beaucoup d'efforts. En novembre, Mars vient à sa rescousse via un événement qui le pousse à agir et à réagir. La confiance qu'on lui accorde l'encourage à donner le meilleur de lui-même pour terminer l'année en beauté. Il relève et remporte le défi comme un champion dans une compétition.

Avis de l'astrologue
Mieux vaut faire preuve de vigilance pour repérer les signes de faiblesse (corps), les baisses de régime (moral), et les pallier sans tarder.

Votre ascendant en 2019

Ascendant Bélier

La tendance de l'année
Vous prenez de l'altitude en 2019. Uranus vous pesait depuis des années ; son départ, le 7 mars, vous permet de lâcher du lest. Vous commencez par faire le tri en vous débarrassant de tout ce qui vous encombre (y compris moralement). Avant l'été, une rencontre joue un rôle déterminant. Elle est susceptible de provoquer un départ pour une vie meilleure, un job mieux rémunéré ou un grand amour. Fin septembre, un événement contrariant vous oblige à tirer au clair une situation financière.

Vos atouts maîtres
Bye bye le stress, bienvenue la confiance. La peur provoquait des sautes d'humeur, le soulagement vous met de bonne humeur. Côté job, vous défendez vos convictions avec aplomb. Ça surprend, mais ça donne aussi du crédit à vos actions, autant qu'à l'image que vous renvoyez aux autres. Jupiter tonifie votre corps et votre esprit. Vous vous levez du bon pied et manifestez la même vitalité toute la journée, sans accuser le moindre signe de fatigue.

Ascendant Taureau

La tendance de l'année

Deux planètes lentes (c'est-à-dire solides) encadrent vos projets. Jupiter en Sagittaire vous permet d'élargir votre champ de compétence. Vous améliorez votre savoir-faire en suivant une formation. Elle peut s'accompagner d'un déplacement, se prolonger par une mutation. Uranus en Taureau donne de l'originalité à vos projets. Vous vous réinventez en prenant des initiatives joyeuses et audacieuses : joyeuses à la maison en créant la surprise, audacieuses socialement en larguant les amarres.

Vos atouts maîtres

Comptez sur votre esprit pédagogue pour transmettre et passer le relais. On s'inspire de votre savoir-faire, on suit vos conseils pour avancer dans la bonne direction. Votre sens pratique est aussi un atout de taille pour résoudre les problèmes. En famille, vos proches savent que vous trouverez toujours une solution. Côté cœur, il est difficile de résister à votre pouvoir de séduction.

Ascendant Gémeaux

La tendance de l'année

On peut vous reprendre d'une main ce qu'on vous a donné de l'autre, c'est le message que vous adresse Jupiter. Son influence sur la Balance est très positive. Vous bénéficiez d'une promotion, gagnez davantage d'argent, croisez la perle rare. Ses effets sur le Gémeaux sont toutefois contrariants. L'adaptation à une nouvelle équipe se révèle difficile, les factures augmentent, l'objet de votre désir n'est pas libre. Vous éviterez la déception en gérant la situation dans l'instant, sans présumer de l'avenir.

Vos atouts maîtres

Votre entourage vous reproche parfois de jouer un rôle, en cachant vos préoccupations derrière une apparente insouciance. Cette année, la conjoncture planétaire vous donne raison. Vous êtes obligé de parier sur la légèreté pour parer aux aléas. « Mieux vaut en rire qu'en pleurer », telle est la clé pour surmonter les épreuves. Vous avez aussi la chance de toujours trouver quelqu'un pour vous dépanner.

Ascendant Cancer

La tendance de l'année

Votre vie affective s'annonce pétillante en 2019. Vous pariez sur les contacts pour améliorer votre situation. On vous prête volontiers main-forte en vous donnant les bons tuyaux pour trouver un job. Si vous êtes célibataire, vous pouvez compter sur vos amis pour organiser une rencontre réussie. Si vous êtes en couple, vous déménagez, achetez, vendez. Tout ce qui est en lien avec la maison vous procure du bonheur et un plus grand confort. À noter que la famille a de fortes chances de s'agrandir cette année.

Vos atouts maîtres

On ne peut rien vous refuser, à cause de votre charme irrésistible et de l'attachement que vous suscitez. Votre aura irradie de douceur et de générosité. C'est très bien pour inspirer confiance, lors d'un entretien professionnel par exemple. Le cocktail Jupiter-Uranus est un remède vivifiant pour tenir le choc, tant côté forme que côté moral. Même en cas de coup de barre, ça repart !

Ascendant Lion

La tendance de l'année

Votre dynamisme ne faiblit pas. Au contraire, Jupiter vous donne de l'élan pour accélérer le développement de vos projets. À peine êtes-vous sur une piste qu'une porte s'ouvre sur un contrat en or. Attendez-vous à bouger sur le plan géographique (déménagement, mutation...). Les liens avec l'étranger prennent de l'ampleur. Si vous êtes célibataire, l'amour vous attend ailleurs, au cours d'un voyage, pourquoi pas au-delà des mers.

Vos atouts maîtres

Vous avez l'art d'apparaître dans la lumière sans faire d'ombre à votre entourage. Votre autorité bienveillante rassure. On s'en remet à vous pour décider de la direction à suivre, avec l'assurance que vous mènerez l'équipage à bon port. Votre générosité est une carte maîtresse qui, malgré les abus de certains, accroît votre notoriété. Vous lui ajoutez un sens esthétique prononcé qui embellit votre vie et celle d'autrui.

Ascendant Vierge

La tendance de l'année

La notion de couple est très présente en 2019. Côté pro, un accord est scellé avec une personne de confiance qui vous donne un coup de pouce pour progresser. Votre carrière décolle grâce à une personne qui croit en vous. Côté cœur, vos décisions dépendent de la manière dont évolue la situation de votre conjoint. Par exemple, une mutation peut vous amener à quitter votre job ou à vous reconvertir. Financièrement, vous bénéficiez de bons retours sur investissement, dans l'immobilier en particulier.

Vos atouts maîtres

Cette année, vous acceptez la critique sans vous formaliser ni vous froisser. La remise en question est salutaire, elle vous permet d'y voir plus clair et de ne pas répéter vos erreurs. Autre atout : vous plongez volontiers dans l'inconnu. Le cahier des charges, les règles et les préjugés sont laissés de côté. Vous faites confiance à votre intuition pour vous adapter et tirer profit de la situation.

Ascendant Balance

La tendance de l'année

Jupiter vous porte chance. Formulez votre vœu, il sera exaucé. Arrive en tête le désir de déménager ou de transformer votre intérieur. En Sagittaire, Jupiter provoque le mouvement : très vite, une opportunité se présente. La double Balance a tendance à hésiter. Jupiter vous suggère de réagir dans l'instant en prenant votre décision sur-le-champ pour éviter que le bonheur ne vous passe sous le nez. Sur le plan affectif, vous êtes aimé, entouré et bien conseillé.

Vos atouts maîtres

Vous domptez vos humeurs par l'humour, d'où l'attachement que vous suscitez après avoir parfois agacé votre entourage. Plus vous voyez du monde, mieux vous vous portez. Une vie sociale riche est la clé de votre bien-être. Tant que vous parlez et partagez des activités avec vos proches, vous ne vous apitoyez pas sur votre sort. En résumé, mariez les rires, la dérision, le recul et les loisirs entre amis, vous afficherez une forme épatante.

Ascendant Scorpion

La tendance de l'année

2019 est une année contrastée. L'arrivée d'Uranus en Taureau vous met en garde contre une situation rêvée, à même de se renverser du jour au lendemain. Ne vous reposez pas sur vos lauriers, encore moins sur vos actifs financiers. En Sagittaire, Jupiter préconise de rester mobile à tout moment et disponible à tout changement. Cultivez votre sens de l'adaptation pour être capable de rebondir en cas de difficulté. En amour, ne visez pas trop haut pour ne pas tomber... de haut.

Vos atouts maîtres

Impossible de trouver l'inspiration, vous avez le nez dans le guidon, penché sur vos dossiers. La solution : agir, bouger, avancer. Tout se débloque sur le terrain. Plus les situations auxquelles vous êtes confronté sont concrètes, plus vous faites preuve d'ingéniosité pour en tirer parti. Vos performances vous donnent confiance. Les résultats sont parlants, n'hésitez pas à les mettre en avant pour réclamer une promotion ou une augmentation.

Ascendant Sagittaire

La tendance de l'année

Vous êtes sans doute la plus chanceuse de toutes les Balance. Jupiter baigne dans votre ascendant, vous nagez en plein bonheur. Si vous envisagez de lancer votre activité, faites-le dès le début de l'année pour obtenir de bons résultats avant l'été. 2019 est placée sous le signe des voyages. L'étranger vous tend les bras (études, expatriation). Vous levez l'ancre pour vous installer dans une autre région, ou bien vous rejoignez l'élu de votre cœur au-delà des frontières. Ça bouge bien, et dans le bon sens !

Vos atouts maîtres

Quel que soit l'endroit ou la situation, vous nouez des contacts avec une facilité déconcertante. Votre sens de l'éloquence vous ouvre toutes les portes. Tablez sur votre carnet d'adresses bien rempli pour améliorer votre vie, décrocher un job, trouver une solution à un problème. Autre atout : l'optimisme. Vous ne vous découragez jamais, sans vous épuiser pour autant. Vous contournez l'obstacle en vous réinventant.

Ascendant Capricorne

La tendance de l'année

Vous avez de l'argent à gagner cette année, grâce à vos efforts mais aussi grâce à la chance (à laquelle vous ne croyez guère, pourtant). Par exemple, vous réalisez une bonne affaire immobilière. Votre challenge : réussir à trouver vos marques. Vous aurez du mal à partir tant que vous ne saurez pas où aller. Cherchez un havre de paix, un environnement bienveillant pour travailler. Si vous êtes célibataire, une amitié peut tourner à l'amour cet été. Si vous êtes en couple, le soutien de votre partenaire vous aide à vous surpasser.

Vos atouts maîtres

Votre ascendant Capricorne vous a appris à ne pas vous apitoyer sur votre sort. Cette année, la Balance vous rappelle qu'il est bon aussi d'avoir de l'indulgence envers vous-même. Vous acceptez vos failles, vos doutes, vos erreurs... vos peurs aussi. Les regarder en face vous aide à y remédier, en douceur et par des soins appropriés (la méditation par exemple). Vous êtes en marche vers le bien-être.

Ascendant Verseau

La tendance de l'année

Ça pulse ! Jupiter vous donne de l'énergie. À peine vos idées sont-elles exposées qu'elles sont appliquées. Votre sens relationnel est un visa pour le succès. Vous passez bien, en entretien, en public, avec vos collègues et votre hiérarchie. Si vous êtes célibataire, votre charme fait des ravages, vous avez l'embarras du choix (ce qui n'est pas le plus facile). Si vous êtes en couple, un projet original vous réunit. Il peut être en lien avec un voyage ou un déménagement, mais peut-être déciderez-vous aussi d'officialiser un nouveau mode de vie.

Vos atouts maîtres

Vous bannissez le mot « échec » de votre vocabulaire, sans pour autant vous focaliser sur la victoire à décrocher. En résumé, vous prenez la vie comme elle vient, et elle vient bien sur le terrain. Inutile d'intellectualiser la situation, mieux vaut passer à l'action. Socialement, vous avez l'énergie généreuse et communicative. On adore bosser avec vous, en s'inspirant de votre enthousiasme pour aller de l'avant.

Ascendant Poissons

La tendance de l'année

À priori, Jupiter ne rend pas la vie facile aux Poissons. Vous réagissez après avoir été poussé dans vos retranchements. Mais à partir du 7 mars, Uranus en Taureau arrive en renfort pour vous aiguiller et vous donner du ressort. C'en est fini de vous plier à la volonté d'autrui. Pariez sur ce que vous avez d'unique, d'original et de talentueux pour imprimer votre marque dans vos projets. Côté cœur, vos échanges sont passionnels.

Vos atouts maîtres

Vous suivez la voie du cœur en écoutant votre petite voix intérieure. Il est là, votre meilleur atout ! Impossible de tricher ni de vous mentir à vous-même, vous triomphez en jouant la carte de la sincérité. Votre sens de la courtoisie vous permet aussi de vous adapter à toute situation. Le tact favorise le dialogue et permet de trouver une solution. On apprécie de vous voir arbitrer la discussion avec justesse.

Dix conseils pour vous sentir bien en 2019

- **1.** Jupiter fait bouger votre destin en 2019. Préparez partenaire, enfants, famille et amis à des changements, dont ils seront les heureux bénéficiaires s'ils vous soutiennent dans vos projets. Diplomate-né, alliez tact et pédagogie pour remporter l'adhésion de votre entourage. Aménagez un calendrier, ménagez leur sensibilité autant que leur susceptibilité pour qu'ils admettent l'idée que la situation puisse changer.

- **2.** Les rêves se heurtent trop souvent à la réalité. Apprenez plutôt à visualiser les situations, l'exercice se révélera efficace pour vous projeter dans l'avenir. Fort de ces informations, votre inconscient mettra tout en œuvre pour concrétiser vos désirs. Cultivez aussi votre intuition. Associez votre sixième sens à ces techniques de visualisation, vous serez épaté par tout ce que vous verrez.

- **3.** Prenez soin d'avoir à portée de main des huiles essentielles adaptées à vos besoins. En Sagittaire (un signe impatient), Jupiter précipite vos actions, aussi vous faut-il des remèdes rapides et performants pour parer aux aléas. Quelques gouttes aux vertus bienfaitrices vous soulageront de vos petits maux. C'est une bonne approche pour vous initier à des pratiques parallèles qui peuvent répondre à vos attentes.

- **4.** Déprogrammation et déconditionnement sont au menu après le départ d'Uranus, le 7 mars. Vous éprouvez le besoin de vous renouveler en vous débarrassant de vos préjugés et du stress qu'ils ont généré. Revisitez les situations auxquelles vous avez été confronté en repensant vos réactions émotionnelles. Votre petite voix intérieure prendra le pas sur vos vieux réflexes. Vous agirez en confiance, avec le cœur.

• **5.** Voilà un conseil ennuyeux dont la Balance se passerait volontiers : penchez-vous sur vos légendaires sautes d'humeur, les rires à midi, les pleurs à cinq heures. Non pas pour culpabiliser d'être à leur merci, mais pour comprendre leur effet déclencheur avant de trouver comment vous en débarrasser. Vous en tirerez un vrai plaisir.

• **6.** Connectez-vous à vos idéaux en écoutant votre corps. L'enfant qui sommeille en vous garde dans un lieu secret ses envies, ses rêves, ses centres d'intérêt. Votre corps ressemble à une malle dans laquelle vous avez enfoui vos désirs. L'organisme sait où il se sent bien, ce qui lui convient, quand il retrouve une sensation de liberté. Plus vous l'affranchirez de ses carcans, plus il vous encouragera à aller de l'avant, vers ce qui vous ressemble, et qui était déjà là dans l'enfance.

• **7.** Les compliments pleuvent en 2019, on ne tarit pas d'éloges à votre propos. Ne les repoussez pas sous prétexte que vous êtes modeste ou craignez d'avoir la grosse tête. Avant de vous endormir, repassez le film dans votre esprit en marquant une pause à chaque sourire, louange, gentillesse, tendresse ou attention reçu dans la journée.

• **8.** En marche avec Jupiter ! Il faut prendre soin de vos pieds. Sont-ils au plancher, dans un bain, liés ou tournés vers l'extérieur ? Lancent-ils des appels pour qu'on leur enlève l'épine qui les empêche d'avancer ? Bichonner vos petons, c'est unir la terre au ciel en faisant remonter votre énergie de la racine de vos talons à la pointe de vos cheveux. Et être entre les mains d'un réflexologue, c'est le pied !

• **9.** Faites tourbillonner les couleurs sur vous, partout et autour de vous. Vous revitaliserez vos humeurs à travers des tenues chatoyantes, stimulerez votre énergie dans un décor multicolore. Le moral vif et vitaminé, vous communiquerez vos idées avec légèreté. En hiver, la chromothérapie vous emplira de courage pour développer vos activités.

• **10.** Sous l'action de Jupiter, après le départ d'Uranus, vous éprouvez le besoin de donner du relief à votre existence. Ornements, agréments, amusements, partez à la recherche du plaisir en mettant la création à toutes les sauces, épicées le plus souvent, pour pimenter votre quotidien. La Balance aime ce qui est beau, alliez l'art et la déco, soulignez le bonheur de plusieurs traits de couleur qui mettent de la bonne humeur partout.

Votre

Le vrai luxe de la Balance, c'est sa liberté d'aimer ! L'amour vu comme un moteur donne des couleurs à votre vie, casse les codes et allume l'étincelle du désir. Dans la saga zodiacale, vous occupez un poste clé qui ouvre les portes du paradis aux amoureux. Le Lion éduque, la Vierge tisse des liens sociaux, la Balance tire sur le fil du cœur, déroulant la pelote de l'amour dans les bras de sa moitié de pomme. C'est le signe de l'alliance, à commencer par celle qu'on se passe au doigt. C'est dans le regard de l'autre que vous puisez la confiance, la combativité... la conviction que vous avez autant de talent que de charme. Mariage pluvieux quand la Balance pleure à midi, mariage heureux une fois qu'elle a retrouvé le sourire, à midi quinze. Vous êtes comme ça : humeur volatile, émotions qui font du yo-yo, sentiments changeants. Il est normal qu'un signe d'Air souffle le chaud et le froid, prenne ses décisions au gré de ses envies. D'aucuns parleraient de lubies. Votre difficulté

portrait

à arrêter votre choix a parfois des allures de caprice, en effet, et oblige vos proches à décider à votre place. C'est usant, mais on aime tellement la Balance qu'on lui pardonne volontiers son inconstance. Vivre en harmonie requiert certes des efforts, de l'empathie et une grande ouverture d'esprit. Heureusement, votre nature vénusienne s'attache à préserver un climat bienveillant autour de vous, un dialogue permanent avec vos proches. Vous arbitrez la discussion, pacifiez les relations, au risque d'envenimer les choses à force de refuser de prendre parti. Vous visez la perfection : look, beauté, déco, langage, tout est étudié, soigné, raffiné. En apparence… un signe d'Air se donne naturellement des airs pour faire grimper sa cote de popularité. Votre politesse et votre gentillesse séduisent, on loue votre dévouement et vos attentions délicates. Une image qui contraste avec une nature moins sensible qu'il n'y paraît, vite à cran quand on lui demande de montrer son vrai visage.

Votre passeport zodiacal

Votre élément : l'Air, la brise tour à tour douce et vivifiante, légère et caressante. C'est aussi le souffle murmuré des baisers. L'amour est pour vous une inépuisable source d'inspiration.

Votre saison : l'automne, une période de l'année où nuits et jours ont la même durée. Dans la nature, les équilibres sont préservés, à l'image des énergies réparties sur les deux plateaux de la Balance.

Votre mode d'action : cardinal. Vous entrez dans la saison, signe d'une capacité à prendre des initiatives. À la différence du Bélier (votre signe opposé) qui agit en solo, vous avez besoin d'un déclic pour agir : le partenaire, l'ami, l'associé, le parent... l'autre.

Votre tempérament : sanguin. Romantique sans doute, mais sans cette intensité émotionnelle qui prête à rêver. D'où vos réactions à chaud, vos nerfs à fleur de peau : vous bouillonnez quand la situation vous échappe ou que l'amour s'enfuit.

Les trois décans de la Balance

Premier décan (du 23 septembre au 3 octobre)

Une intelligence virevoltante

N'étaient ses humeurs vagabondes, la Balance du premier décan serait championne du monde. Vous pensez vite, bien, juste et loin en vous adaptant immédiatement à toute situation car vous savez quel parti en tirer. Sitôt que le doute gagne du terrain, vous battez en retraite, jusqu'à renoncer à la gloire sur un coup de tête... ou pour un coup de cœur. Vos talents artistiques innés élargissent le champ des possibles dès qu'un public vous applaudit. En quête de reconnaissance, vous vous gargarisez de compliments, sensible à la flatterie au point de ne pas flairer un piège éventuel. On vous croit capricieux, presque futile, alors que vous êtes plein d'empathie à l'égard de votre prochain.

Deuxième décan (du 3 au 13 octobre)

« Tu veux ou tu veux pas ? »

La peur de vous engager n'évite pas le danger. Un pas en avant, trois pas en arrière, il vous faut être au pied du mur pour vous décider, et votre entourage vous croit incapable d'assumer vos responsabilités. Votre savoir-faire fait pourtant l'unanimité en matière de créativité. Vous glissez une note artistique dans tout ce que vous entreprenez, du bureau au salon, en passant par votre look et votre garde-robe. Votre personnalité bienveillante ne supporte pas l'injustice. Vous luttez contre les abus de pouvoir et les décisions arbitraires. En amour, la quête de l'être idéal vous vaut autant d'exaltation que de déception.

Troisième décan (du 13 au 23 octobre)

Méli-mélodrame

Votre voisin, le Scorpion, influence votre regard sur la vie, qui se fait plus grave que celui des autres décans. Vous balancez entre l'emballement et l'abattement, passant dans l'instant du rire aux larmes. Balance obéissante en apparence, vous êtes capable de vous rebeller ou de prendre des risques, par amour en particulier. Si vos ambitions sont élevées, vous ne les poursuivez que si l'on vous encourage à vous dépasser ou pour combler les attentes de vos proches. Il vous faut une motivation pour aller au bout de vos rêves. Votre grande sociabilité explique pourquoi vous êtes si populaire. Votre public est tout acquis à votre (bonne) cause.

L'influence des planètes dans votre signe

Les planètes aiguillent, inclinent, inspirent ou orientent votre destin... certaines plus que d'autres selon le rôle qui leur est attribué. En domicile, la planète optimise les affinités avec votre signe. On dit qu'elle gouverne le signe. Exaltée, la planète puise sa force et son énergie dans votre signe. Son action est bénéfique. En exil, on la retrouve dans votre signe opposé, son énergie diluée devient affaiblie. En chute enfin, la planète est située à l'opposé de son lieu d'exaltation. Là encore, la planète décline.

Votre planète en domicile : Vénus

Sensuelle en Taureau, Vénus apparaît plus sensible dans votre signe... au regard de l'autre, à l'image que vous projetez, à l'opinion que l'on se fait de vous. Cette planète a besoin de plaire en Balance. Vous vérifiez si le charme opère en attirant l'attention, quitte à jouer parfois avec les sentiments. Balance rime aussi avec dépendance quand vous remettez votre cœur, votre corps et votre esprit entre les mains de l'être aimé. L'attention que vous portez aux besoins de votre partenaire frôle le sacrifice, même si vous tournez les talons quand la désillusion a raison de la passion. Vénus vous rend à la fois vulnérable et capable de décrocher la lune par amour.

Votre planète en exaltation : Saturne

La planète du temps se trouve à son aise dans votre signe. Elle vous apporte la maturité dont vous avez besoin pour affronter la réalité. Saturne donne du crédit à vos initiatives, de la crédibilité à vos propos. Vous lui devez la notoriété qui profite à votre carrière en suscitant confiance et sympathie. Au fil du temps, Saturne vous apprend à apprivoiser la solitude. Vivre en accord avec vous-même vous permet aussi d'harmoniser la relation en accordant votre violon à celui de votre conjoint. Après la relation dominant-dominé, la romance trouve son équilibre sur les deux plateaux de la Balance.

Votre planète en exil : Mars

L'absence de la planète la plus combative du zodiaque explique pourquoi vous fuyez le conflit et la confrontation. Il faut aller jusqu'à vous provoquer pour vous voir réagir – souvent de manière disproportionnée. Il est difficile de combler vos attentes, car vous-même ne savez pas ce que vous voulez. Mars en exil fait la part belle à la douceur, à la tendresse. Sur le plan charnel, baisers, caresses, sensations et mots d'amour ont votre préférence. Sur le plan des énergies, vous manquez d'endurance et avez besoin de vous ressourcer à intervalles réguliers.

Votre planète en chute : le Soleil

La Balance préfère le jeu au « je ». Symbole de l'ego, le Soleil met la personnalité en relief. Sa chute dans votre signe vous empêche de faire votre autocritique. Vous cherchez votre reflet dans le regard d'autrui, à la merci des sentiments qu'on vous porte. Votre jugement manque d'objectivité. On vous entend faire l'éloge de votre partenaire d'un côté en vous dénigrant de l'autre... ou inversement, selon la nature de vos échanges. Une introspection vous aiderait à retrouver foi en vos propres atouts, sans avoir besoin de l'aval de votre entourage pour les exploiter. L'estime de soi demande que l'on fasse un vrai travail sur soi-même.

Vous

L'art de l'esquive, vous connaissez ; vous êtes doué pour brouiller les pistes afin d'éviter la confrontation. Vous savez obtenir ce que vous souhaitez sans le demander ouvertement. Ce n'est ni de la lâcheté, ni de la déloyauté, plutôt une manière de tourner autour du pot pour fuir le face-à-face et ne pas vous mettre à dos votre entourage. Artiste dans l'âme, vous avez besoin de vivre dans un cadre harmonieux – sur le plan humain comme esthétique – pour vous sentir bien. Vous rêvez d'un monde parfait et vous vous attachez à corriger vos propres imperfections… même si le naturel revient au galop face à un événement désarçonnant. Vous séduisez par un je-ne-sais-quoi d'élégant, sans fard et sans façon. Ne pas en rajouter pour ne pas tomber dans la vulgarité, excepté en amour, où vos sentiments exacerbés s'entrechoquent fiévreusement quand vous cherchez à fusionner avec votre partenaire.

Votre destin

À l'image de vos humeurs, votre destin suit un parcours sinueux, parfois tortueux mais toujours passionnant. Quand c'est l'heure de séduire, vous êtes ponctuel. Quand l'amour tient le haut du pavé, vous êtes dans le vrai. Il suffit que votre cœur soit à l'honneur pour que votre existence ait un sens. L'enjeu de votre destin repose sur la relation à deux. Sur le plan social, vous aimez jouer, parfois par désenchantement ou à cause d'un léger désœuvrement. Votre voie est toute tracée pour nouer des contacts, la confiance que vous suscitez donnant un vrai coup de pouce à votre destinée. Si vous n'avez aucun plan à l'esprit, vous bénéficiez d'un don inné pour déceler le parti à tirer d'une opportunité.

Vos amours

La Balance peut abandonner ses proches en plein repas si son partenaire lui demande de venir sur-le-champ. Quand on vous dit que l'objet de votre désir n'est pas celui qu'il vous faut, vous acquiescez avant de filer à l'anglaise pour l'aimer en cachette. À vos yeux, l'amour c'est *no limit, no frontier, no problem !* Vous êtes capable du meilleur (dévouement) comme du pire (aveuglement)... mais vous savez rire de vos lubies. Au quotidien, Balance rime avec confiance. Quelques caprices, pas d'éclat de voix et quand ça ne va pas, le dialogue. Trouver l'oiseau rare vous donne des ailes pour dépasser vos peurs, vos limites et votre pudeur. Vous cachez votre soif d'absolu derrière une insouciance et une indépendance apparentes. Lamentation sur l'amour perdu, célébration de la passion retrouvée, il y a toujours quelqu'un pour occuper vos pensées ou hanter vos nuits. Malgré des sentiments aussi variables que le vent, vous sublimez l'amour en rêvant qu'il dure toujours.

Votre carrière

Les relations publiques, vous adorez. Vous craignez moins le regard de vos clients que les critiques de vos collègues. Vous vantez, vendez un produit comme personne, sans faire de forcing. Artiste, esthète et créative, la Balance allie talent et raffinement, avec une image et une qualité de travail soignées. Au quotidien, votre entourage sait pourtant bien que s'il vous demande votre avis, vous allez vous défiler. Mais il apprécie votre nature conciliante qui permet d'instaurer de bonnes relations au sein de l'équipe. Collègue joyeuse et consciencieuse, la Balance fait tout pour travailler en bonne intelligence.

Vos sautes d'humeur sont plus fréquentes quand vous-même managez une équipe, surtout si vous avez un chef au-dessus de vous. Pression, tension et peur du conflit n'aident pas à trouver des solutions, cela peut casser l'ambiance.

Vos énergies

L'Air correspond à la cage thoracique. Le souffle symbolise la communication. Après vous être étourdi au cours d'une soirée festive entre amis, la solitude peut vous sembler pesante. La sophrologie ou des exercices de relaxation vous aideront à canaliser votre énergie. Votre sensation de bien-être se répandra alors dans tout votre corps. Le ventre, berceau des émotions, se dénouera. Disparaîtront également les risques d'allergies. L'Air (le contact) est l'ami du Feu (l'ego). Physiquement, efforcez-vous d'adopter une attitude susceptible d'imprimer votre griffe, de faire sentir votre présence. Considérez-vous sur un pied d'égalité avec vos interlocuteurs sans vous défiler sitôt que le ton montera. Gardez aussi à l'esprit que les reins (votre point sensible) filtrent les émotions. Ils sont le siège de la peur, témoignent de votre crainte de perdre vos repères… votre partenaire en particulier. Il vous faut apprendre à vivre avec vous-même en canalisant vos sentiments, sans les projeter systématiquement sur l'autre.

Vos rêves

Monter sur la plus haute marche du podium dans le cœur de votre partenaire ou dans la mémoire de vos ex, vous en rêvez. Peu vous importe de voir le Taj Mahal si vous n'êtes pas escorté de votre conjoint. Votre vœu le plus cher est de trouver votre moitié. Viennent ensuite le cadre idyllique pour abriter vos amours romantiques, la carrière artistique, les moyens financiers et pratiques d'embellir votre vie. Esthète dans l'âme, vous aspirez à des échanges galants, à un art de vivre qui harmoniserait désirs, création, projets et activités. Un monde sans peur et sans heurt ferait votre bonheur… sans trop d'efforts à fournir aussi. Plus contemplative que productive, la Balance rêve de s'acquitter des tâches qui l'inspirent en laissant aux autres le soin de s'occuper de tout ce qui lui semble rébarbatif.

Votre inconscient

En zoomant sur votre inconscient, on vous découvre d'une nature plus réceptive qu'expansive. Volubile extérieurement, vous cachez vos idées derrière des subterfuges soigneusement maîtrisés. Vous savez vous adapter aux circonstances. Pour vous protéger, votre inconscient est obligé de faire des compromis. Comme l'enfant heureux de rapporter de bonnes notes à ses parents, vous mettez votre intelligence au service de la mission que l'on vous confie, dans l'espoir de gagner la reconnaissance de vos pairs. C'est parce que votre hiérarchie loue vos mérites que vous voyez vos succès, honneurs et bénéfices comme légitimes. Les deux hémisphères de votre cerveau s'apparentent aux deux plateaux de la balance. Il faut que la proportion entre émotion et action soit équitable. Vous bougez si le jeu en vaut la chandelle, tout comme l'amour doit être le moteur de votre vie. Sinon, à quoi bon ?

Votre portrait détaillé

Votre visage

Vous avez une morphologie vénusienne : grâce, finesse et douceur mêlées, en hommage à Vénus-Aphrodite, déesse de l'amour et de la beauté. Votre regard ouvert et tendre accentue le sourire de votre bouche bien dessinée, à la dentition parfaite. Un nez court, une peau de satin, une voix claire, il n'est plus gracieux visage que le vôtre. Comme les fleurs de mai, vos cheveux volent au vent et s'ils sont courts, ils donnent tout de même l'impression d'être en mouvement.

Votre silhouette

Elle est harmonieuse, ondulant avec le vent, rythmée par des gestes élégants et bienveillants. Avec l'âge, votre corpulence s'accentue. Votre taille, votre bassin et vos hanches s'élargissent. Il n'empêche que vos poignets et chevilles conservent toute leur finesse. Vous poussez l'art de la pirouette jusque dans votre silhouette en prenant des poses qui cachent vos petites imperfections ou en choisissant des vêtements fluides.

Votre style

Vous équilibrez les volumes, les motifs ou les couleurs de vos tenues. Les tons pastel l'emportent sur les couleurs criardes, raffinement oblige. Malgré votre crainte de voir le temps ternir votre joli corps et votre beau visage, vous adoptez un look en fonction de votre âge, sans jamais chercher à vous rajeunir. Votre intérieur est raffiné à souhait, par touches personnalisées, marque d'un sens esthétique et d'un goût artistique prononcés. Le style Balance : souvent copié, jamais égalé.

Votre langage

Pas un mot plus haut que l'autre, le verbe est à l'image de votre tenue : élégant. Tact et diplomatie, associés à une bonne dose de compromis, concessions et conciliation, évitent les conflits. Quand votre langue fourche, vous vous confondez en excuses, mais vous vous réjouissez secrètement d'avoir piqué là où ça fait mal. Il y a l'art, la manière, l'image et les apparences, que vous maîtrisez comme personne. Et puis il y a ce que vous pensez réellement... qui apparaît lorsque vous vous trouvez dos au mur.

Vous et les autres

Votre charme est un passeport pour l'amitié, un visa vers le succès. Les portes s'ouvrent grand dès que vous souriez. Vous suscitez la sympathie, nouez des affinités, gagnez la confiance de votre entourage. La Balance chargée des relations publiques use de son pouvoir charismatique pour attirer le chaland. Un atout qui vous entraîne dans les hautes sphères sur le plan social. En mixant compétences et reconnaissance, vous vous hissez rapidement au sommet. Votre sens relationnel est exceptionnel : vous obtenez ce que vous voulez de vos interlocuteurs sans leur forcer la main. Ni vu ni connu, vous leur passez la « patate chaude » en les gratifiant d'un large sourire. En remerciement, on peut compter sur vous pour réparer une injustice. Le médiateur met tout en œuvre pour pacifier les échanges et trouver une solution. Les autres vous aiment, vous les aimez... mais moins que celui pour qui votre cœur bat, votre moitié, votre tout, votre passion.

• VOUS ET VOTRE PARTENAIRE

Vous disposez d'un arsenal implacable pour fidéliser votre conjoint. L'appâter et vous adapter d'abord, puis l'épater en créant la surprise. Pour lui plaire, vous devenez son héraut en veillant à ce que sa flamme ne s'éteigne jamais. L'être idéal doit être plus vaillant que charmant, prêt à vous protéger sans se montrer possessif pour autant. L'aimez-vous sincèrement ou jouez-vous avec ses sentiments ? Mystère ! Moins c'est clair, plus votre partenaire vous porte aux nues. S'il faut désobéir ou tout plaquer pour suivre votre chéri au bout du monde, pas de problème : les bagages sont faits. Une faille dans la relation, pourtant, et c'est la fin du monde. Vous partez, revenez, rompez, jurant qu'on ne vous y reprendra plus, avant de redevenir l'ombre de son ombre, la solitude vous pesant davantage que les quelques désagréments de la vie de couple.

Si votre conjoint est Bélier

L'Air et le Feu. Malgré votre opposition sur le zodiaque, vous finissez par être complémentaires. La Balance vous soutient en toutes circonstances. Quand une épreuve surgit, vous vous serrez les coudes pour la surmonter ensemble. En amour, la Balance vous apprend l'art du raffinement dans le sentiment. De votre côté, vous lui redonnez confiance. Et la libido ? On s'aime sérieusement sans trop se prendre au sérieux.

Si votre conjoint est Taureau

L'Air et la Terre. La Balance fait des caprices et le Taureau lui demande de grandir. L'union est marquée par un désir constant de se séduire et de ne pas tomber dans le train-train quotidien. Le Taureau aime protéger, attitude qui redonne confiance à la Balance et la rassure. En amour, la Balance permet au Taureau de triompher en lui prodiguant de bons conseils. Côté câlins, les relations ne sont pas fréquentes, mais elles sont de qualité.

Si votre conjoint est Gémeaux

L'Air et l'Air. Le Gémeaux apprécie l'élégance de la Balance. En public, ils forment un couple harmonieux, courtois et raffiné. En privé, ils sont tous les deux soumis à leurs humeurs. Quand l'un est en forme, l'autre boude, et réciproquement. En amour, ils se tournent longtemps autour pour se séduire. Les sentiments sont forts au départ mais perdent de leur intensité. Côté câlins, on se promet la lune, mais personne ne veut la décrocher.

Si votre conjoint est Cancer

L'Air et l'Eau. La Balance aime provoquer. Par jeu, elle se rapproche du Cancer avant de se faufiler dans un trou de souris... non sans avoir pris le temps de lui indiquer sa cachette. Tout cela met du piment dans les relations. En amour, leur complicité est grande, basée sur la séduction et l'humour. La Balance pousse le Cancer à faire l'effort de la conquérir et à prendre des initiatives érotiques. Après tout, il a de l'imagination !

Si votre conjoint est Lion

L'Air et le Feu. En apparence, ils forment un couple parfait. Pourtant, les sautes d'humeur de la Balance s'accordent mal avec le caractère entier du Lion. À l'arrivée, les nerfs lâchent et le ton finit par monter. En amour, la Balance dispose des meilleurs atouts pour séduire le Lion, mais ses petits mensonges finissent par transparaître. Elle se rattrape souvent sous la couette, mais cela ne dure qu'un temps.

Si votre conjoint est Vierge

L'Air et la Terre. La Vierge a tendance à donner des leçons de morale à la Balance. Fais pas ci, fais ça... la Balance en a jusque-là. Pourtant, si elle suivait ses conseils, elle parviendrait plus facilement à faire le bon choix. En amour, les sentiments s'expriment de manière indirecte. La Vierge prouve son affection par des actes, la Balance par une attitude séduisante. Sous les draps, ils sont attirés l'un par l'autre mais ont du mal à conclure.

Si votre conjoint est Balance

L'Air et l'Air. L'union est harmonieuse, à condition qu'elle existe réellement. Ils s'observent, s'analysent mais aucun d'eux n'ose faire le premier pas. Après la poignée de main, tout va bien. En amour, ils sont complémentaires, mais leur humeur leur joue des tours ; ils reprennent parfois d'un côté ce qu'ils se sont donné de l'autre. Sur l'oreiller, leurs relations sont à la fois romantiques et érotiques.

Si votre conjoint est Scorpion

L'Air et l'Eau. Ils n'ont pas grand-chose en commun, sauf une exigence d'absolu. La Balance est idéaliste et le Scorpion, passionné. S'ils se mettent en tête de réaliser de grandes ambitions, ils peuvent atteindre leur objectif. En amour, le Scorpion ne sait pas toujours sur quel pied danser avec la Balance, mais ce qui l'agace le séduit aussi. Sous la couette, leurs relations sont à la fois enflammées, fantaisistes et originales.

Si votre conjoint est Sagittaire

L'Air et le Feu. Si la Balance emboîte le pas au Sagittaire, la partie est gagnée. L'admiration qu'elle lui porte peut l'inciter à le suivre au bout du monde. Pour une fois, elle n'hésitera pas une seule seconde. En amour, la Balance a de la tendresse à revendre, pour le plus grand bonheur d'un Sagittaire qui aime être choyé. Après les câlins, voilà un couple qui adore refaire le monde, tendrement enlacé.

Si votre conjoint est Capricorne

L'Air et la Terre. La Balance sort sa panoplie habituelle pour attirer l'attention du Capricorne. Hélas, rien n'y fait. Ce n'est qu'en s'intéressant à ses activités qu'elle pourra espérer un rapprochement. En amour, le Capricorne a tendance à juger sévèrement les attitudes de la Balance, ce qui amène celle-ci à douter de ses sentiments. Sous la couette, on essaie d'atteindre les sommets du plaisir, mais il faut s'y reprendre à deux fois.

Si votre conjoint est Verseau

L'Air et l'Air. Ils parlent le même langage, refusant de se laisser aller à des paroles discourtoises ou à manquer d'élégance. Respectueux de l'indépendance de chacun, personne ne s'avise de marcher sur les plates-bandes de son voisin. En amour, ils affichent une grande complicité. Leur tendresse réciproque se lit sur leur visage. C'est au grand jour qu'ils apprécient de se câliner. Où il n'y a pas de gêne, il y a du plaisir.

Si votre conjoint est Poissons

L'Air et l'Eau. Le Poissons fonctionne à l'intuition, la Balance à la séduction. Lorsqu'ils se croisent, ils se comprennent facilement. Ils ont en commun un caractère un peu changeant. Le Poissons devient parfois mélancolique et la Balance s'énerve. En amour, cela crée des malentendus et les questions demeurent sans réponse. Sur le plan charnel, le décor et l'ambiance jouent un rôle très important pour stimuler le désir.

• VOUS ET VOTRE FAMILLE

Trouver sa place dans la famille ? Un jeu d'enfant si l'élément (Feu, Terre, Air, Eau) correspondant à votre signe est majoritaire à la maison. Plus complexe, voire compliqué si votre élément occupe une toute petite place. Comment le savoir ? Répertoriez les signes de vos proches. Classez-les selon leur élément et voyez lequel domine.

Signes de Feu : Bélier, Lion, Sagittaire

Signes de Terre : Taureau, Vierge, Capricorne

Signes d'Air : Gémeaux, Balance, Verseau

Signes d'Eau : Cancer, Scorpion, Poissons

Exemple : une famille, papa, maman et leurs trois enfants. Maman Bélier-Feu. Papa Taureau-*Terre*. L'aîné Vierge-*Terre*. Le cadet Balance-Air. Le benjamin Capricorne-*Terre*. Bienvenue dans la famille *Terre*.

La Balance dans une famille Feu

Vous êtes à l'aise et eux aussi. Ça pétille dans la famille Feu quand un signe d'Air lui insuffle son énergie créative. Vous détestez la routine, ils s'attachent à créer l'événement. Habitués à vos sautes d'humeur, ils vous passent volontiers vos caprices tandis que vous ne vous formalisez pas quand ils vous lancent une ou deux piques. Pas de rancune, pas de susceptibilité, on avance, on parle, on crée à volonté en perçant les abcès sans attendre. Ils stimulent vos ambitions, vous adoucissez leur caractère... l'échange est fructueux !

La Balance dans une famille Terre

Les voir tout calculer au centime près a le don de vous énerver. Pas matériel pour deux sous, vous ne comprenez pas qu'ils puissent être si économes. Des conflits s'annoncent quand ils vous reprochent de ne pas savoir gérer le budget... vous fuyez en changeant de conversation. La complexité du duo Terre-Air, c'est sa difficulté à témoigner son attachement. Ils vous aiment mais sont incapables de le verbaliser. Vous les adorez en adoptant, par pudeur, une attitude détachée. Ce qui explique votre émotion quand vous les étreignez.

La Balance dans une famille Air

L'entrée des artistes est ouverte à ceux qui, comme vous, ont le talent d'inventer la vie en se réinventant eux-mêmes. On se sent tout de suite en confiance dans cette famille Air. L'accueil est chaleureux, le dialogue permanent, les idées fusent, le monde est refait à chaque seconde, demain est toujours un autre jour... auquel on ne pense pas, pour mieux jouir de l'instant présent. Derrière ce détachement apparent, on se pose des questions que l'on s'interdit de verbaliser pour ne pas inquiéter l'entourage. Cela préserve l'ambiance, mais ça ne résout pas les problèmes.

La Balance dans une famille Eau

Ici, ça coule à pic dès qu'on cherche à approfondir le sujet. Ils ont besoin de savoir, vous préférez brouiller les pistes. Il est important qu'ils comprennent vos intentions, vous faites en sorte qu'ils se posent des questions sans jamais leur donner de réponse. Forcément, ça creuse le fossé, voire la distance quand on finit par se fâcher. À leurs yeux, vous brassez trop d'air pour ne pas avoir quelque chose à vous reprocher. Leur silence vous déstabilise... peut-être parce qu'il vous pousse à culpabiliser. Pour s'aimer, mieux vaut se voir à l'extérieur qu'entre quatre murs ; c'est étouffant pour vous, oppressant pour eux.

• VOUS ET VOS ENFANTS

Quelle maman Balance êtes-vous ?

On lit souvent que vous êtes plus épouse que mère, ou épouse avant d'être mère. Par exemple, la force de caractère d'une maman Balance célibataire s'évanouit sitôt qu'elle tombe amoureuse. Happée par ses sentiments, la femme relègue la mère à un rôle de figurante. À la sortie de l'école, vos enfants sont fiers de présenter à leurs camarades une maman jeune et jolie. Vous vous adaptez à leur mode de vie, suivez leur évolution avec bienveillance et curiosité, sans élever la voix. À l'adolescence, vous avez plus de mal à canaliser l'énergie de vos ouailles. Irritée, vous les menacez de les laisser se débrouiller seuls. Ils s'en amusent une fois votre colère apaisée.

Quel papa Balance êtes-vous ?

Il est normal de préférer être un copain plutôt qu'un père autoritaire, quand on déteste les conflits. Vous prenez donc des chemins détournés pour faire passer vos messages. Le jeu d'abord, la séduction ensuite, la récompense enfin. Votre curiosité vous encourage à chercher les meilleures activités éducatives, sportives ou culturelles pour votre enfant. À l'écoute de vos chérubins, vous tablez sur la communication pour leur apprendre à s'orienter ou à cibler leurs priorités, en les incitant à se poser les bonnes questions.

• VOUS ET VOS AMiS

À qui vous fier ?

Le Gémeaux vous aide à créer l'événement avec raffinement. Comme vous, il est sensible à l'art et à tout ce qui est beau. Fiez-vous à ses talents d'orateur pour diffuser vos messages. Le Sagittaire, lui, vous promet des surprises à toute heure. Son goût de l'aventure comble vos besoins d'évasion. Bélier et Balance sont complémentaires ; son instinct vous donne de l'élan pour exploiter vos talents. Il vous encourage à croire en vous.

À qui vous confier ?

Seule une Balance peut comprendre vos peines de cœur. Elle vous cajole, vous console, prête à vous écouter toute la nuit s'il le faut. Le Lion trouve la solution. Confiez-lui vos doutes, il les dissipe par des actions pratiques qui vous confrontent à la réalité et vous aident à surmonter les obstacles par la suite. Beaucoup de pudeur au départ avec le Capricorne, mais une fois la confiance gagnée, l'amitié (d'une grande loyauté) se renforce au fil des années.

Sur qui compter ?

Le Taureau sera toujours là pour vous dépanner matériellement. Il râlera mais vous tirera de ce mauvais pas... peut-être après vous avoir fait signer une reconnaissance de dette. Comptez sur le Verseau pour militer à vos côtés contre les injustices. Cet âpre défenseur de la liberté n'hésite pas à monter au créneau pour vous venir en aide sur le plan social, administratif ou juridique. Appuyez-vous sur le Cancer tant que vous voudrez, à condition de lui consacrer du temps et de respecter sa sensibilité.

Avec qui partager de bons moments ?

Le Bélier et le Lion sont deux signes égocentriques. Flattez-les, bichonnez-les, ils feront tout pour égayer votre vie. Plus vous vous occupez d'eux, plus ils défendent vos valeurs, militent pour votre bonheur. Riez avec le Verseau... de ces erreurs du passé qui ont forgé vos expériences et votre personnalité. Chinez au bras d'un Taureau, avant un dîner gastronomique dans un cadre raffiné. Vénusien comme vous, il « esthétise » la vie avec délectation et sensualité.

• VOUS ET VOTRE ENTOURAGE

L'instinct sait si la situation semble favorable. L'intuition sent si le contact est agréable. Pourquoi « ça le fait » avec certains signes, pourquoi « ça ne le fera jamais » avec d'autres ? Affinités, antipathies, l'astrologie ne tranche pas, elle nuance, module les échanges pour comprendre et pacifier les relations.

Vous et les signes de Feu (Bélier/Lion/Sagittaire)

Voilà une association réussie. Il suffit d'un souffle, d'une brise légère pour raviver la flamme. Derrière les artifices se cachent une admiration et un respect profonds qui inscrivent l'amitié dans la durée. On ne se promet rien et c'est tant mieux. L'important, c'est de partager de bons moments, de créer dans l'instant… l'inspiration pour vous, la rapidité d'exécution pour eux. Socialement, la Balance invente, les signes de Feu lancent le projet. Ils défrichent le terrain, forcent les barrages et cherchent des moyens efficaces d'atteindre l'objectif. Quelques disputes à l'occasion, mais elles ne durent pas, ni eux ni vous n'étant rancuniers.

Vous et les signes de Terre (Taureau/Vierge/Capricorne)

Garde à vous ! Repos ! Passer au rapport a le don de vous énerver. Votre seule exigence : que l'on vous fasse confiance en accordant du crédit à vos compétences. Aucun problème pour les signes de Terre, à condition que vous leur donniez des preuves de sérieux, d'assiduité, de fidélité et d'engagement. Deuxième signe d'Air, vous pouvez tenir votre promesse, comme tout plaquer du jour au lendemain. À l'image de vos humeurs, vos actions sont changeantes. Ça agace forcément des tempéraments ancrés dans la réalité, esprits aussi carrés que les quatre murs de l'entreprise qu'ils ne quitteront jamais. Malgré les différends et les différences, ils s'inclinent toutefois devant votre sens relationnel. Vos talents commerciaux leur assurent de bons revenus.

Vous et les signes d'Air (Gémeaux/Balance/Verseau)

Le monde des arts et des idées vous tend les bras. Vous les brassez, les partagez, les réformez pour embellir la vie et refaire le monde. Sociabilité, curiosité, tout vous intéresse, la nature humaine en particulier. Ensemble, vous réinventez le quotidien, vivez avec votre époque jusqu'à la devancer. Si l'entente est parfaite, les émotions n'en sont pas moins reléguées aux oubliettes. On s'aime bien, mais sans s'attacher pour ne pas souffrir, sans s'engager. Votre soif de liberté peut avoir raison de votre amitié.

Vous et les signes d'Eau (Cancer/Scorpion/Poissons)
De l'extérieur, les échanges semblent voués à l'échec. Trop de bavardages de votre côté, trop de silence du leur. Vous préconisez le dialogue pour savoir à quoi vous en tenir et où aller, ils ont du mal à verbaliser leurs opinions. Balance rimant avec tolérance, vous vous adaptez à leur (hyper)sensibilité. Leur intuition vous évite bien des erreurs, votre ouverture d'esprit leur apprend à devenir conciliants... donnant-donnant. Impossible en revanche de brouiller les pistes ou de leur mentir, ils vous démasquent en vous obligeant à leur dire la vérité.

Vous et votre ascendant

« Naître dans le signe, mais sous l'ascendant... » Le signe plonge au cœur du tempérament, l'ascendant renvoie l'image que nous projetons sur notre entourage. Il est le digne représentant de nos qualités et de nos travers, selon la manière dont nos proches nous perçoivent. Nous possédons le caractère de notre signe, et le physique de notre ascendant. L'ascendant symbolise le devenir, raison pour laquelle son rôle semble plus important au-delà de quarante ans. On naît « signe », on devient « ascendant ».

L'influence de votre ascendant

L'ascendant représente un outil nécessaire à la transformation de votre destin. Il oriente et stimule votre évolution. Savoir utiliser les atouts physiques et intellectuels qu'il met à votre disposition vous permet de vous situer socialement. Plus vous maîtriserez l'outil, mieux vous vous sentirez au sein de votre environnement.

Balance ascendant Bélier

Vous êtes hésitant, vous devenez volontaire.

- **Votre profil astrologique**

Le Bélier prend son élan pour entrer dans la saison du printemps. La Balance aborde l'automne (une saison intermédiaire) à tâtons, mais sa brise légère (Air) finit par attiser l'étincelle (Feu) du Bélier. Votre personnalité passe brusquement de l'hésitation à l'impulsion, vous êtes incapable de contrôler vos émotions. C'est étonnant, et un peu déstabilisant.

- **L'image que vous projetez**

Vous êtes populaire, vous le savez, vous vous en amusez et vous en félicitez en secret. Vos proches sont touchés par vos attentions à leur égard. Jovial, convivial, sociable, vous êtes d'une compagnie très agréable. Vous faites tout pour arranger la situation, avant de la bousculer par un emballement soudain et inexplicable, mais vous possédez un tel charme qu'on vous pardonne volontiers vos excès.

- **Votre personnalité**

La Balance altruiste alliée au Bélier individualiste, c'est « toi avec moi » ou « toi contre moi »... Vous êtes tout et son contraire, défendez votre indépendance (Bélier) tout en détestant la solitude (Balance). Incapable de dire « non », vous marquez votre désapprobation par des réactions impulsives (en démarrant au quart de tour ou en claquant la porte). Esthète, artiste, vous recherchez le Beau, harmonisez autant votre intérieur que vos relations. Vous aimez apprendre de la vie, des autres aussi ; partagez de bons moments, jouissez de l'instant présent.

• En amour

Comment trouver la stabilité quand on est prêt à se jeter dans les bras de la passion ? Après le « toi et moi », nous voici dans le « ni avec toi ni sans toi », à travers une succession de séparations et de réconciliations. Une fois l'engagement pris, vous comblez les moindres désirs de votre conjoint. Sensible, sensuel et vénusien (Balance), vous lui promettez des nuits blanches voluptueuses.

• Au travail

Votre sens créatif s'exprime dans les secteurs de la communication et de l'art. À la fois ferme et diplomate, vous motivez l'équipe pour qu'elle vous suive dans vos projets. La routine vous ennuie, vous pariez sur la diversité pour vous réinventer. Si vos talents vous permettent de gagner de l'argent, votre côté « panier percé » vous oblige à cumuler les activités pour augmenter vos revenus et combler les déficits.

• Comment tirer parti de votre ascendant ?

Le Bélier vous convainc de vous émanciper. Petit à petit, vous reprenez votre liberté, retrouvez un esprit conquérant. Plus question d'être à la merci d'autrui. À votre sensibilité vénusienne s'ajoute l'instinct martien. Vous alliez vigueur et combativité pour embellir votre vie à votre gré, en tissant des liens avec des gens de votre planète qui vous aiment pour vous-même.

• Stars Balance ascendant Bélier : Amber Rose, John Lennon

Balance ascendant Taureau

Vous êtes esthète, vous devenez épicurien.

• Votre profil astrologique

La matière (Taureau) se transforme au contact de l'air (Balance). L'humeur légère de la Balance (Air) stimule les sens et la créativité du Taureau (Terre). Votre personnalité prend de la densité, vos désirs se concrétisent, vous goûtez à tous les plaisirs de la vie. Les choix hésitants de la Balance s'enracinent en Taureau. La confiance renaît, l'assurance revient.

- **L'image que vous projetez**

Votre gentillesse, votre hospitalité et vos bons petits plats font l'unanimité. On vous adore ! Vous avez plaisir à faire plaisir, c'est une évidence. Fidèle en amitié, vous l'êtes aussi à vos engagements. Vos amis savent qu'ils peuvent compter sur vous et sur l'efficacité de vos actions. Un petit reproche : votre manie de tout décortiquer (les détails, les attitudes, les situations...).

- **Votre personnalité**

Vous passez du « beau » au « bon » avec délectation. À votre appétit de la vie s'ajoute celui de la table, bien garnie. Philosophe, vous cueillez l'instant comme il vient, même un petit rien vous fait du bien. Vous alliez un charme irrésistible à une autorité naturelle, un atout de taille pour être à la fois aimé et respecté. Cependant, si vous donnez beaucoup, vous reprenez tout à la moindre trahison : vous avez la rancune tenace. Respectueux des traditions, vous attachez de l'importance à votre famille et veillez à ce que personne ne manque d'affection ni de confort.

- **En amour**

Vous irradiez de charme, de sensibilité et de sensualité. Impossible de rester indifférent. Convoité de tous côtés, vous ne rêvez pas moins de rencontrer le grand amour. Vous mettez du temps à le trouver, mais vous lui consacrerez votre activité et votre énergie. À vos côtés, la vie amoureuse est savoureuse, voluptueuse. La maison, la déco, les baisers, les câlins... tout est raffiné.

• Au travail

Vous passez du concept au produit fini. À peine l'idée est-elle exposée que votre sens pratique permet de la mettre en application. En équipe, vous alliez le tact et l'organisation à la concentration. La méthode plaît. Conciliant avec les bosseurs, vous n'avez toutefois aucune considération pour les paresseux. Toute activité en lien avec l'art et l'esthétisme vous porte chance.

• Comment tirer parti de votre ascendant ?

Balance et Taureau sont deux signes vénusiens désireux de faire de leur vie un chef-d'œuvre. Le Taureau vous donne du cœur à l'ouvrage. Sa force de résistance dissipe vos doutes et vous aide à aller de l'avant en surmontant les obstacles. Grâce à lui, vous ne lâchez rien. Il vous promet un confort durable, un patrimoine solide. Financièrement, vous lui devez votre indépendance, un luxe précieux qui évite à la Balance de se retrouver à la merci d'autrui.

• Stars Balance ascendant Taureau : Serena Williams, M. Pokora

Balance ascendant Gémeaux

Vous êtes charmant, vous devenez charmeur.

• Votre profil astrologique

« La feuille d'automne emportée par le vent, en rondes monotones tombe en tourbillonnant. » Cette comptine, « Colchiques dans les prés », illustre la nature légère et insaisissable de la Balance ascendant Gémeaux, double signe d'Air. On n'attrape pas le vent. L'Air inspire des émotions, des réflexions, des initiatives et des sentiments selon l'humeur du moment.

• L'image que vous projetez

Vous passez par ici, vous repassez par là… au moment où l'on ne s'y attend pas. En société, vous apparaissez souriant, sociable et volubile avant de vous dérober. Vos proches savent que vous arriverez en retard et que vous partirez plus tôt si la soirée vous ennuie. Ils ne vous en tiennent pas rigueur, mais regrettent que vous n'approfondissiez pas la relation ou la situation.

- **Votre personnalité**

Véritable caméléon, vous changez de rôle et de registre en fonction de votre environnement. Aux questions indiscrètes, vous répondez par une pirouette, avec tact et humour. Vous pratiquez l'art du verbe comme personne et gagnez facilement la confiance. Moderne, créatif, vous débordez d'imagination pour vous renouveler. Si votre réseau tourne à plein, vous avez peu d'amis. Votre spontanéité séduit autant que l'on vous reproche de céder à la facilité, à la frivolité, et à la futilité. À jouer sur les apparences, vous perdez en authenticité.

- **En amour**

Votre charme irrésistible justifie que vous soyez courtisé de tous côtés, mais vos amours sont légères et éphémères. Vous cherchez l'équilibre puis, une fois en couple, vous paniquez. Vos sentiments sont fluctuants. Vous dissipez le doute en créant la surprise, une manière de rompre avec la routine et de préserver la complicité. Le dialogue est à vos yeux la clé d'une union réussie.

- **Au travail**

Vous jubilez à l'idée d'exercer une activité faisant appel à vos qualités relationnelles. La communication, c'est votre rayon. Vous négociez, conciliez, pacifiez avec habileté. Vous avez l'art de fédérer les talents en créant la cohésion au sein de l'équipe. Vos idées sont souvent géniales, trop dispersées hélas pour qu'il vous soit possible de toutes les appliquer. Peu importe, le système D et l'ingéniosité compensent ces défaillances.

• Comment tirer parti de votre ascendant ?

La Balance puise sa confiance dans le regard de l'autre, jusqu'à devenir dépendante. Votre ascendant Gémeaux vous encourage à paraître en public pour mesurer combien vous êtes apprécié. Il vous apporte la notoriété dont vous avez besoin pour être rassuré. Le Gémeaux aime la jeunesse, il vit avec son temps, adore jouer et se réinvente sans cesse. Soyez assuré de toujours charmer. Grâce à lui, vous ne connaissez pas l'ennui et n'êtes plus à la merci d'autrui (votre conjoint en particulier).

• Stars Balance ascendant Gémeaux : Christophe Maé, Mylène Demongeot

Balance ascendant Cancer

Vous êtes courtois, vous devenez tendre.

• Votre profil astrologique

L'Air de la Balance fait s'évaporer l'Eau du Cancer. Les influences extérieures (Balance) pèsent sur les décisions et sèment le doute, alors que l'intuition (Cancer) montrait la voie à suivre. Les sautes d'humeur peuvent provoquer des coups de cafard et de la mélancolie. Un changement d'environnement permet d'oxygéner le cœur, le corps et l'esprit.

• L'image que vous projetez

« Tendresse, tendresse », chante Elton John... et gentillesse. Vous êtes la douceur incarnée, un ange bienveillant et maternant, dont votre entourage ne peut se passer. Vos intentions sont nobles, vos attentions délicates. Votre porte est toujours ouverte pour vos plus fidèles amis. Les nouveaux arrivants, eux, doivent vous prouver qu'ils ont les qualités nécessaires pour mériter votre confiance.

• Votre personnalité

Vous compensez votre timidité en forçant le trait de l'élégance. Plus on loue votre allure gracieuse, plus vous avez confiance en vous. Problème, vous courez le risque de vous laisser influencer par les flatteurs intéressés. En petit comité et dans un environnement clément, vous débordez d'inventivité, de fraîcheur et de spontanéité. La famille tient une place importante dans votre vie. Vous lui sacrifiez des ambitions élevées. Soumis à vos humeurs (Balance) et un brin lunatique (Cancer), vous faites parfois des caprices pour obtenir satisfaction.

• En amour

Vous êtes sans doute le plus romantique de tous les signes. La Balance charme, le Cancer rêve, deux atouts pour vivre un conte de fées. Subtil et sensible, vous vous attachez à plaire à l'élu de votre cœur pour l'empêcher d'aller voir ailleurs. Fonder une famille est votre priorité. Vous équilibrez le rôle de parent (Cancer) et celui de conjoint (Balance) avec un talent certain.

• Au travail

Plus l'équipe est réduite, plus vous vous sentez à l'aise. En sécurité, vous libérez votre créativité, en demandant à votre entourage de vous motiver pour bosser bien et viser haut. Le moindre obstacle peut en effet vous faire capituler. Conciliant (excepté face aux injustices), vous appliquez la règle à votre rythme et selon vos méthodes, quelque peu désordonnées.

• Comment tirer parti de votre ascendant ?

Le Cancer vous offre sa protection. Au fil du temps, vous éprouvez le besoin de vous réfugier dans une bulle protectrice, entouré de ceux qui vous sont chers. Certes, vous cultivez toujours votre image en testant votre popularité auprès de votre public, mais vous réduisez le cercle à un nombre d'amis restreint. Votre intérieur vous ressemble, comme une seconde peau. Votre plaisir : entendre les rires de vos petits-enfants résonner dans la maison.

• **Stars Balance ascendant Cancer :** Romy Schneider, Jacques Higelin

Balance ascendant Lion

Vous êtes séduisant, vous devenez conquérant.

• **Votre profil astrologique**

L'Air de la Balance attise le Feu du Lion. Leur association crée une personnalité flamboyante et fascinante. Un changement de décor suscite l'enthousiasme. En Lion, la flamme devient incandescente, l'ego est puissant, les passions sont exacerbées. Il est préconisé de mettre ses ambitions au service des autres pour ne pas se brûler les ailes à trop vouloir se rapprocher du soleil.

• **L'image que vous projetez**

Soucieux de savoir ce que l'on pense de vous, vous vous attachez à donner une image charismatique et chaleureuse de votre personnalité. L'artiste-né associe le panache et le raffinement pour briller en société. Votre nature excentrique et extravertie amuse vos proches. Ils déplorent pourtant que vous leur voliez la vedette avec un égocentrisme parfois jugé excessif.

• **Votre personnalité**

« Si Versailles m'était conté » (Sacha Guitry), la Balance-Lion en serait la Majesté. Vous avez l'élégance noble, l'allure théâtrale et le port impérial des altesses royales. Optimiste, pétillant, vous jouissez d'une grande popularité. À vous voir tant rayonner, on peut vous croit superficiel, charmant et charmeur par intérêt. Si vos ambitions sont élevées, elles visent à vous permettre de jouir d'un confort raffiné, affirmé et assumé. Vous aimez ce qui est beau... et, forcément, cher. D'où la nécessité de gagner assez d'argent pour combler vos désirs.

• **En amour**

Vos sentiments sont nobles et généreux. Vous donnez tout quand vous aimez beaucoup – jusqu'à l'aveuglement. Votre parcours amoureux n'est jamais ennuyeux. Vous enchaînez les rebondissements, les noces fastueuses, les ruptures tumultueuses. Si vous êtes en couple, l'équilibre de votre relation repose sur la confiance et la sincérité. Vous ne trichez jamais.

• **Au travail**

Vous avez de l'ambition, juste ce qu'il faut pour atteindre les sommets sans attraper la grosse tête. Le pouvoir est un moyen, pas une fin. Il vous permet de gagner le respect, la reconnaissance et la liberté de satisfaire vos besoins. Vous triomphez en associant la fermeté du Lion au sens relationnel de la Balance. Un atout imparable pour remporter l'adhésion de votre entourage à vos projets.

• **Comment tirer parti de votre ascendant ?**

Le Lion donne de l'aplomb à vos décisions. Il vous encourage à vous réaliser par vous-même. Grâce à lui, vous ne tergiversez plus et vous fiez à votre instinct pour agir avec efficacité sur le terrain. Vous rayonnez auprès d'un large public, ce qui vous dissuade de rester dans l'ombre de votre conjoint. Plus le temps passe, plus vous gagnez en confiance comme en notoriété. Enfin, c'est à l'ambition du Lion que vous devez de vous enrichir au fil des années.

• **Stars Balance ascendant Lion :** Sting, Jean-Jacques Goldman

Balance ascendant Vierge

Vous êtes aimable, vous devenez serviable.

- **Votre profil astrologique**

L'association Air-Terre est complexe. La Vierge (Terre) quitte la saison de l'été, tandis que la Balance (Air) franchit le seuil de l'automne. Partir, rester, choisir, hésiter... difficile de prendre parti sans craindre de se tromper, aussi la Balance-Vierge préfère-t-elle s'appuyer sur des situations concrètes pour savoir si ses idées sont applicables.

- **L'image que vous projetez**

Vous donnez l'impression de pouvoir bricoler ou cuisiner habillé chic, sans vous salir. Vous avez une élégance pratique, et un grand dévouement à l'égard de votre entourage. Vous rendez service avec générosité, trouvez des solutions pour aider vos proches à rebondir. Vos conseils judicieux leur permettent d'avancer. Un petit reproche : votre côté « maniaque de la propreté ».

- **Votre personnalité**

Concision, précision, vous abordez la vie tel un orfèvre soucieux de ciseler ses idées et ses projets. Un vrai modèle de discipline et de ponctualité. Derrière votre nature sociable se cachent des doutes et un manque de confiance. Vous compensez par l'effort et par l'amour du travail bien fait pour éviter tout reproche. Votre sens de l'analyse et de l'observation vous permet d'anticiper les situations. Vous en tirez parti en améliorant vos connaissances par la formation. Une manière de faire prospérer (financièrement) votre savoir-faire.

- **En amour**

Vos volte-face peuvent dérouter. Vous avancez d'un pas timide, reculez de trois si l'objet de votre désir tente de brûler les étapes. Vos sentiments sont pudiques en public, il leur arrive d'être fougueux dans l'intimité. Vous êtes capable de désobéir par amour, en plaquant tout pour vous consacrer à l'élu de votre cœur. À l'écoute de votre partenaire, vous comblez le moindre de ses désirs.

- **Au travail**

Vous avez l'art d'harmoniser les échanges en pointant les détails à ne pas négliger pour que l'équipe mène les projets à bien. Votre sens de la pédagogie vous permet d'éviter les conflits. À la fois inspiré et pragmatique, créatif et méthodique, vous donnez forme à vos idées avec un souci d'efficacité. Au pouvoir, vous préférez le devoir... de loyauté, et de fidélité aux engagements que vous prenez.

- **Comment tirer parti de votre ascendant ?**

La Balance a la pagaille créative. La Vierge vous apprend à mettre de l'ordre dans votre désordre, pour gagner du temps et sans doute davantage d'argent. Votre ascendant table sur l'intérêt de capitaliser vos talents, votre énergie et votre patrimoine. Vous agissez utile, l'élégance sans l'insouciance. En regardant la réalité en face, vous réussissez à mieux l'affronter, sans dépendre d'autrui pour vous aider à surmonter l'obstacle.

- **Stars Balance ascendant Vierge :** Marion Cotillard, Élie Semoun

Balance ascendant Balance

Vous êtes sympathique, vous devenez romantique.

- **Votre profil astrologique**

Quand la brise légère s'amplifie (double signe de d'Air), le risque est grand qu'elle se transforme en tornade. Doubles sautes d'humeur, double versatilité, vous en venez à vous agacer vous-même en vous voyant incapable de prendre une décision.

Mais c'est aussi un double dévouement à l'égard d'autrui, une double inspiration pour aimer à fond et embellir la vie.

• L'image que vous projetez

Votre entourage s'amuse de vos humeurs changeantes et de votre facilité à passer du rire aux larmes ; vous-même finissez par en plaisanter. On aime votre spontanéité, votre gaieté, vos attentions tendres et délicates. Vous possédez un vrai sens de l'amitié. Vos proches apprécient que vous soyez à leur écoute, sans les juger. Ils s'agacent en revanche de votre manque d'ambition à exploiter vos talents.

• Votre personnalité

Doublement versatile, vous attendez de vous retrouver au pied du mur pour prendre une décision ou sauter le pas. Vous aimez plaire, vous souciant davantage de votre image que de votre carrière. Dommage, vous triompheriez sur scène, dans un univers créatif et artistique. Les conflits, vous détestez... mais vous les envenimez à vouloir arbitrer la discussion ou à refuser de prendre parti. Sensible à la beauté, vous apportez une touche de raffinement à tout ce que vous entreprenez. C'est votre manière d'embellir la vie et de mieux supporter la réalité.

• En amour

Séduire est un jeu malicieux, dont vous connaissez les règles par cœur et que vous pratiquez avec bonheur. L'amour est la grande affaire de votre vie. Vous prenez toujours parti pour l'élu de votre cœur, quitte à défrayer la chronique. Vous aimez jusqu'à vous oublier, avec une abnégation inégalée. Cela vous joue des tours quand votre conjoint n'est pas à la hauteur.

• Au travail

On vous aperçoit sur le perron de votre maison d'hôtes... un visage souriant dans un cadre accueillant. Vous excellez dans les secteurs de la communication, face à un public ou une clientèle. Votre sens créatif vous permet de vous réinventer, fusionnant savoir-vivre et savoir-faire. Vos projets sont uniques, raffinés, signés. Vous vous souciez moins d'atteindre les sommets que de jouir d'une grande notoriété.

- **Comment tirer parti de votre ascendant ?**

Un rayon de soleil, une brise légère, vous vous sentez déjà mieux. Votre ascendant Balance décuple votre sensibilité à tout ce qui peut agrémenter la vie : un paysage merveilleux, un mot gentil. Plus le temps passe, plus vous éprouvez le besoin de réveiller l'artiste qui sommeille en vous. Cela se traduit par un changement de décor, une initiation (tardive mais assidue) à la musique ou à la peinture. Votre charme devient irrésistible au fil du temps.

- **Stars Balance ascendant Balance :** Arthur Rimbaud, Kate Winslet

Balance ascendant Scorpion

Vous êtes fripon, vous devenez canaille.

- **Votre profil astrologique**

L'Eau du Scorpion est celle des marécages. À la surface, tout semble calme, personne ne peut imaginer combien la vie s'anime dans les profondeurs. Le vent de la Balance peut souffler, tempêter, rien ne change. L'idée est arrêtée, la décision prise. La Balance entre dans la saison de l'automne, le Scorpion s'y installe avec autorité et aplomb.

- **L'image que vous projetez**

Vous séduisez autant par votre élégance que par le mystère qui se dégage de votre personnalité. Vos proches ne savent pas quel jeu vous jouez, ni sur quel pied danser avec vous. Ils sont à la fois étonnés, amusés et inquiets de vous voir défendre des causes perdues. Votre complexité vous rend bien plus attachant qu'agaçant, malgré l'énergie que l'on doit dépenser pour vous suivre.

• Votre personnalité

Vous aimeriez proposer (Balance), mais ne pouvez vous empêcher d'imposer (Scorpion)... vos idées comme vos actions. Malgré votre nature versatile, vos décisions font autorité. À la fois charismatique et énigmatique, vous générez autant de compliments que de critiques. À la merci de vos émotions, vous avancez en suivant votre intuition et en fonction de votre ressenti. L'authenticité, l'honnêteté et la sincérité sont les trois qualités que vous exigez pour offrir votre amitié. Vous détestez le mensonge et la trahison.

• En amour

Vous avez le don d'attirer les âmes en peine, d'accueillir les chiens perdus sans collier. Votre volonté de changer l'autre vous fait courir le risque d'être déçu. En couple, vous aimez avec passion, mais aussi avec exclusivité, au point d'étouffer votre partenaire. Si l'histoire n'est pas de tout repos, elle est unique, exceptionnelle. Vous êtes le grand amoureux du zodiaque.

• Au travail

Votre activité doit éveiller un réel intérêt pour vous motiver à donner le meilleur de vous-même. Plus la situation est compliquée, mieux vous la dénouez, avec une débrouillardise efficace. Vous êtes aimable, sans flatterie ni courbette. Séduit par la nouveauté, vous êtes capable de vous diversifier ou de cumuler plusieurs activités pour vous enrichir, tant financièrement que sur le plan intellectuel.

• Comment tirer parti de votre ascendant ?

Votre ascendant Scorpion vous met face à votre miroir. Il vous rappelle les limites du jeu, vous pousse à chercher la vérité par une introspection. Vous ne pouvez plus vous cacher derrière une image légère et désinvolte. Grâce à lui, vous assumez mieux vos failles, en les sublimant par la créativité. Le Scorpion éveille aussi votre sixième sens. Il vous apprend à faire confiance à votre intuition pour prendre la bonne décision.

• **Stars Balance ascendant Scorpion :** Ingrid Chauvin, Michael Douglas

Balance ascendant Sagittaire

Vous êtes altruiste, vous devenez idéaliste.

• **Votre profil astrologique**

La brise légère (Air) de la Balance souffle sur les braises (Feu) du Sagittaire... La flamme a toutes les chances de repartir, il devient possible de rebondir après avoir essuyé un revers. Le cocktail Air-Feu est chaleureux, savoureux, tonique aussi. Les deux éléments sont au diapason pour diffuser leur énergie avec générosité partout sur la planète.

• **L'image que vous projetez**

« Allô, SOS Amitié ? » Le Sagittaire est à votre écoute vingt-quatre heures sur vingt-quatre. La veuve, l'orphelin, l'opprimé, vous les défendez tous avec la volonté farouche de réparer les injustices. Vos proches s'inspirent de votre nature tolérante pour ne pas juger. On aime le caractère entier et hospitalier de votre signe solaire et solidaire... même si on vous reproche (parfois) de faire passer l'intérêt général avant votre vie familiale.

• **Votre personnalité**

Une personnalité de bonne volonté ! Vous aimez la vie, l'humain aussi, et faites tout pour embellir le quotidien. Plus ça bouge, plus vous êtes enthousiaste. Vous avez l'âme d'un aventurier, curieux de découvrir le monde. Âpre défenseur de la liberté (d'action, de pensée et d'expression), vous préservez la vôtre en vous renouvelant constamment. La solitude vous effraie, d'où votre besoin d'être entouré. Brut de décoffrage, vous parlez vrai, ce qui oblige à la franchise et à l'authenticité. Une pointe d'humour, un éclat de rire, la tension retombe aussitôt.

- **En amour**

Il est difficile de concilier indépendance et stabilité. Vous craignez de vous engager, avant de faire un mariage express à l'issue d'un voyage à l'étranger. En couple, vous manifestez une grande générosité à l'égard de votre conjoint... et des amis aussi. La maison ne désemplit pas... il devient compliqué d'avoir un peu d'intimité. Vous vous faites pardonner en créant l'événement à chaque instant.

- **Au travail**

Tout vous intéresse, à partir du moment où vous avez l'occasion d'innover, de bosser en équipe et de bouger. Vous avez de l'énergie à revendre et des talents à exploiter. Pas question de vous faire dicter votre conduite, vous détestez avoir des comptes à rendre. Votre souplesse d'esprit vous permet de gérer l'imprévu, vous trouvez facilement une solution pour dénouer toute situation.

- **Comment tirer parti de votre ascendant ?**

Vous bénéficiez d'un ascendant généreux, chaleureux, démonstratif et enjoué. On ne peut rêver mieux pour canaliser vos humeurs et stimuler votre énergie. Avec le Sagittaire, vous voyagez, nouez de bons contacts à l'étranger. Sa nature volontaire vous encourage à lancer des projets plus personnels. Comptez sur votre charisme pour gagner la confiance et l'appui de votre entourage. Attendez-vous à vivre une retraite dorée sous les tropiques.

• **Stars Balance ascendant Sagittaire :** Kim Kardashian, Yann Barthès

Balance ascendant Capricorne

Vous êtes espiègle, vous devenez sage.

• **Votre profil astrologique**

Les idées virevoltantes de la Balance finissent par se poser en Capricorne. L'hiver est là, tout proche, avec sa rigueur. La morte-saison impose de renforcer ses acquis et d'assurer ses arrières pour faire face aux aléas de la vie. L'Air (Balance) se rafraîchit, la Terre (Capricorne) devient froide et sèche. Il faut cueillir et stocker les derniers fruits de ses efforts avant qu'il n'y ait plus rien à récolter.

• **L'image que vous projetez**

Élégance rime avec distance, avec ce côté un peu froid qui impose le respect et freine toute familiarité. Devenir votre ami est un privilège. Vos proches sont intrigués par votre manière d'allier modernité et tradition. Vous désobéissez poliment, obtempérez effrontément. Vous donnez l'impression de vous intéresser à l'autre, à la question ou à la situation sans vous impliquer totalement.

• **Votre personnalité**

Vous préférez délivrer un sourire discret que livrer vos secrets. La légèreté de votre esprit contraste avec la volonté de mettre de l'ordre, tant dans vos idées qu'à la maison. Vous raisonnez vos désirs déraisonnables avec un mélange de pudeur, de morale et d'autorité. Vos actions sont planifiées, vos activités chronométrées. L'imprévu vous déstabilise. À vouloir tout contrôler, vous cloisonnez vos émotions avant qu'elles ne vous submergent par un événement troublant, touchant ou déstabilisant. Votre hypersensibilité est démasquée.

- **En amour**

Tout pour lui plaire ! Vous réservez ce que vous avez de plus précieux en vous au seul objet de votre désir. Vous avez aussi besoin de vous sentir en sécurité dans les bras protecteurs de votre partenaire. Pas question de s'engager à la légère quand on est prêt à aimer la vie entière. Vous chérissez la famille, le confort du foyer, la douceur des baisers et les câlins longue durée.

- **Au travail**

On peut vous confier n'importe quelle mission, dès lors que vous avez accepté de la remplir, vous ferez le job. Votre côté « bon soldat » ne vous empêche pas d'avoir des échanges joyeux et harmonieux. Votre nature organisée et studieuse vous permet de gagner du temps. OK pour vous plier aux règles, à condition de pouvoir marquer le projet de votre empreinte.

- **Comment tirer parti de votre ascendant ?**

Votre ascendant mérite d'être connu. Au départ, vous estimez qu'il vous gêne, en vous empêchant de vivre spontanément vos passions. Avec le temps, vous appréciez qu'il ait joué les garde-fous aux moments où vous risquiez de céder à l'excès. Le Capricorne vous a appris à avoir confiance en vous. C'est un signe qui rajeunit : plus les années passent, plus vous revenez à l'insouciance et à la légèreté, tout en gardant les pieds sur terre.

- **Stars Balance ascendant Capricorne :** Catherine Deneuve, Marcello Mastroianni

Balance ascendant Verseau

Vous êtes bienveillant, vous devenez tolérant.

- **Votre profil astrologique**

En Verseau, la brise légère de la Balance se transforme en ouragan. Un vent dévastateur sans doute, qui a le mérite de bousculer les esprits et de réformer les idées. Tout va vite !

Votre personnalité se régénère en permanence sans s'attacher à qui ou quoi que ce soit. L'important est de rester en mouvement, tant sur le plan intellectuel que physiquement, tout en tissant des liens sociaux.

- **L'image que vous projetez**

Vos proches peuvent vous confier leurs doutes, leurs secrets ou leurs frasques, vous ne les jugez jamais. Votre absence d'à-priori facilite les contacts, vous inspirez confiance. Vous dédramatisez aussi par l'humour, proposez des alternatives. Vous sachant trop curieux de voir le monde, on déplore votre infidélité en amitié. Si vous pouviez être un peu moins bavard, ce serait bien aussi.

- **Votre personnalité**

Véritable citoyen du monde, vous abolissez les frontières comme les idées reçues. À vos yeux, la différence enrichit, ouvre l'esprit, vous la cultivez avec plaisir et curiosité. Vous êtes un véritable courant d'air, impossible à circonscrire : vous êtes déjà loin. Brouiller les pistes vous amuse, c'est aussi une manière de vous réinventer à travers des rôles différents et des expériences nouvelles. Votre inconstance séduit plus qu'elle ne dérange, vous prouvez qu'il est possible de rebondir en toutes circonstances. Vous êtes la bouffée d'oxygène dont on a besoin pour se sentir bien.

- **En amour**

Vos amours sont excentriques, vos sentiments, extravagants. Vous aimez librement en vous moquant du qu'en-dira-t-on. Votre besoin d'indépendance vous fait hésiter à vous engager. Plus qu'un partenaire, vous recherchez quelqu'un de complémentaire, curieux et ouvert comme vous. Le dialogue est permanent, la confiance, totale. Quant à l'ennui, vous le trompez en déménageant fréquemment.

- **Au travail**

Il est dommage que vous cédiez à la facilité, vous accompliriez des exploits. À l'ambition, vous préférez la liberté de vous impliquer ou de démissionner à votre gré. En équipe, vous êtes dans votre élément, stimulant les uns, aiguillant les autres, harmonisant les échanges. Vous trouvez la solution avec ingéniosité, vous vous démarquez par votre créativité. On est bluffé !

- **Comment tirer parti de votre ascendant ?**

Vous passez d'une relation à l'autre (Balance) à un rapport aux autres (Verseau). Votre ascendant élargit le cercle, il le casse autant qu'il brise les titres, les statuts, les conventions et les préjugés. Vous élargissez votre champ de vision et d'action. Le Verseau est un électron libre, il vous redonne confiance et vous rend votre indépendance. Votre carnet d'adresses se remplit d'amis de tous pays et de toutes cultures. Partout dans le monde, on vous accueille à bras ouverts.

- **Stars Balance ascendant Verseau :** Alicia Silverstone, Matt Damon

Balance ascendant Poissons

Vous êtes sensible, vous devenez intuitif.

- **Votre profil astrologique**

La Balance pourrait manquer d'Air en plongeant dans l'Eau des Poissons. Au contraire, l'inspiration est plus forte à mesure qu'elle se laisse porter par le courant de ses désirs, de ses rêves et de son intuition. La Balance-Poissons court le danger de se heurter à la réalité, aussi a-t-elle besoin d'un ange gardien qui l'aidera à l'affronter sans paniquer.

- **L'image que vous projetez**

Une image de douceur, de gentillesse et de générosité désintéressée à l'égard d'autrui. Vos amis vous remercient, ils vous mettent en garde aussi contre les bonimenteurs et les manipulateurs. Votre optimisme teinté de naïveté vous rend vulnérable. Votre entourage s'amuse de votre côté rêveur, s'émeut de vos histoires de cœur, s'agace de vos retards et de votre manque d'organisation.

• Votre personnalité

De toutes les Balance, vous êtes la plus altruiste, voire humaniste. Vous donnez sans compter ni rien attendre en retour. On ne sait si vous êtes réellement optimiste ou si vous vous évertuez à voir la vie en rose pour fuir la réalité. Une certitude : vous fonctionnez à l'émotion, aux sensations et à l'intuition. Vous captez tout, au point d'éponger la misère du monde. Votre sensibilité trouve son expression dans l'art, la créativité, mais aussi la spiritualité. Attaché à votre famille, vous puisez vos ressources dans l'amour de vos proches.

• En amour

Vous croyez aux contes de fées, vous rêvez de vous marier et d'avoir beaucoup d'enfants. Votre vœu a des chances d'être exaucé si vous échangez l'être idéal contre quelqu'un d'imparfait, certes, mais de bien plus attachant. La vie conjugale et familiale est un socle indispensable à votre équilibre. La gloire vous importe moins que le bonheur de votre foyer.

• Au travail

Vous devez vous faire violence pour mener à bien votre projet sans vous laisser distraire. L'organisation n'est pas votre fort, la constance non plus, vous avez besoin de renfort pour soutenir vos efforts. Le manque de concentration ne vous empêche pas de déborder d'imagination. Vos idées sont inspirées, inspirantes et bien plus réalisables qu'il n'y paraît de prime abord.

- **Comment tirer parti de votre ascendant ?**

Le Poissons ne s'exprime pas sous l'eau. Votre ascendant vous apprend la vertu du silence. Vous parlez moins, les idées sont surtout moins nombreuses à se bousculer dans votre tête. C'en est fini d'intellectualiser, vous préférez rêver. Et plus vous rêvez, plus vous créez. Remerciez votre ascendant Poissons de révéler des talents insoupçonnés qui vous épatent vous-même. Plus le temps passe, plus l'intuition et l'inspiration vous permettent d'aller vers ce qui vous ressemble.

- **Stars Balance ascendant Poissons :** Alexandra Lamy, Julien Clerc

Portrait chinois

Balance, si vous étiez...

- **Une couleur :** rose
- **Un animal :** la biche
- **Un verbe :** aimer
- **Un métier :** fleuriste
- **Un métal :** le platine
- **Un jour :** le vendredi
- **Un talisman :** un cœur
- **Un cadeau :** un bijou élégant
- **Un sport :** la danse de salon
- **Une fleur :** la rose
- **Un aliment :** la framboise
- **Une pierre précieuse :** le jade
- **Des chiffres porte-bonheur :** 7, 9, 15

Découvrez aussi

Disponible en version numérique

Les livres en version numérique :
les 12 signes sont aussi disponibles au format ePub

L'édition « tout en un » :
toutes les prévisions de Marc Angel pour les 12 signes, détaillées mois par mois